AI와 브랜딩

AI문고

인공지능 시대입니다. 기계가 인간의 인지를 대신하고, 사물이 인간을 통하지 않고 다른 사물과 직접 커뮤니케이션합니다. 이에 따른 인간 삶과 문명 변화를 정확히 이해 · 예측 · 대응하는 것은 이 시대 우리 모두의 과제입니다. AI문고는 인공지능 기술과 환경의 여러 주제를 10가지 키워드로 정리합니다. 관련 개념과 이론, 학계와 산업계의 쟁점, 우리 일상의 변화를 다룹니다. 인간과 기술의 현재, 미래를 세심히 분석합니다.

일러두기

- 인명, 작품명, 저서명, 개념어 등은 한글과 함께 괄호 안에 해당 국가의 원어를 병기했습니다.
- 외래어 표기는 현행 어문규정의 외래어표기법을 따랐습니다.

처음이세요?

전문가세요?

AI와 브랜딩

정나영

대한민국, 서울, 커뮤니케이션북스, 2025

AI와 브랜딩

지은이 정나영
펴낸이 박영률

초판 1쇄 펴낸날 2025년 5월 9일

커뮤니케이션북스(주)
출판 등록 2007년 8월 17일 제313-2007-000166호
02880 서울시 성북구 성북로 5-11
전화(02) 7474 001, 팩스(02) 736 5047
commbooks@commbooks.com
www.commbooks.com

ISBN 979-11-7307-939-9 03500

책값은 뒤표지에 표시되어 있습니다.

차례

AI 시대, 결국 브랜딩

AI, 공기처럼 스며들다

상상이 현실이 되고 있다. 과거 공상과학 작품에서만 볼 수 있던 장면들이 이제는 공기처럼 우리 일상에 스며들고 있다. 지난 20년 남짓 국내 브랜드의 국내외 마케팅과 글로벌 브랜드의 국내 시장 마케팅을 해 오며 50개국 이상을 오고 갔지만, 2024년 미국 방문만큼 놀라웠던 경험은 없었다. 샌프란시스코 도심에서 AI 자율주행 기술을 탑재한 웨이모(Waymo) 로보 택시를 이용했는데, 우버와 유사한 가격대에 운전자 없이도 안정적이고 편리한 이동이 가능했다. 같은 시기에 테슬라가 주최한 '위, 로봇(We, Robot)' 행사장에서는 휴머노이드 로봇 옵티머스(Optimus)가 춤을 추고, 대화를 나누며, 심지어 가위바위보를 하는 모습까지 연출되어 상상 속 미래가 일상의 현실로 구현된 순간을 마주했다.

뉴욕의 고층 빌딩 외벽을 청소하는 스카이라인 AI 로봇 오즈모(Ozmo), 베이징 호텔에서 룸서비스를 배송하는 메이투안(Meituan) 배달 로봇, 두바이 미래 박물관에서 관람객과 대화하는 AI 기반 휴머노이드 아메카(Ameca). 주변을 둘러보니 AI는 어느새 전 세계 곳곳에서 일상 깊숙이 스며들고 있었다.

매일 수억 명의 사람들이 AI가 제안하는 문장을 자연스럽게 수용하고, AI와 친구처럼 대화를 나누며, AI 비서가 사람처럼 전화로 레스토랑을 예약한다. 우리가 소비하는 콘텐츠의 약 80%는 AI 추천 알고리즘에 기반해 선택되며, AI 아바타가 진행하는 뉴스와 AI가 생성한 음성과 자막이 입혀진 영상 콘텐츠가 유튜브를 통해 일상적으로 소비된다. 기업의 채용 과정에서는 AI가 면접 질문을 던지고, 교육 현장에서는 학생들이 AI와 함께 토론하며 사고력을 키운다. 또한 수십 년간 희귀병으로 고통받아 온 환자들이 단백질 구조 예측 AI인 알파폴드(AlphaFold) 덕분에 새로운 희망을 찾고 있다.

이러한 변화들은 단순한 기술 혁신의 차원을 넘어선다. 인류 문명의 작동 방식 자체가 바뀌는 근본적인 패러다임 전환이 우리 눈앞에서 펼쳐지고 있는 것이다.

매일 시간에 쫓기던 브랜딩 전문가의 일상은 어떻게 변하고 있을까? 필자와 같은 브랜드 컨설턴트의 하루를 따라가 보자.

아침 6시, AI 수면 코치의 분석을 바탕으로 최적의 시점에 기상한다. 기상 직후 뉴스 브리핑 AI가 전 세계 트렌드와 브랜드 뉴스를 맞춤형으로 제공한다. 이 AI는 미리 설정해 놓은 글로벌 미디어, SNS 데이터, 업계 보고서를 분석해 핵심 이슈만을 선별해서 요약해 준다. 과거 두세 시간은 족히 걸리던 작업이 이제는 완전히 자동화되었다. 아침 루틴 중 AI 에이전트가 일정을 조율하고 최적의 출근 경로를 제안한다. 출근길에는 AI 알고리즘이 날씨에 어울리는 플레이리스트를 제공한다. 이동 중 챗GPT가 미팅 어젠다를 작성하고, 음성 비서가 이메일로 전송하며, 그 사이 AI 쇼핑 어시스턴트가 추천한 책과 전시회 티켓을 구매한다.

오전 사무실에서는 다양한 AI 협업 도구들이 업무 효율을 높인다. 마이크로소프트 코파일럿(Copilot)의 엑셀 데이터 분석, 팀즈(Teams)의 실시간 번역과 회의록 작성, 제미나이(Gemini)의 논문 요약, 클로드(Claude)의 보고서 작성이 유기적으로 연결된다. 지난주 온에어된 브랜드 캠페인은 구글 퍼포먼스 맥스(Google Performance Max), 어도비 센세이(Adobe Sensei) 같은 AI 기반 마케팅 툴을 통해 실시간으로 성과가 분석되고, 전략은 즉시 최적화된다. 캔바(Canva)와 키틀(Kittl) 같은 디자인 플랫폼은 브랜드 자산을 일관된 방식으로 적용할 수 있도록 돕고, SNS 콘텐츠의 톤앤매너를 유지하는 데 활용된다.

브랜드 컨설팅 업무에서 AI 활용은 더욱 다각화된다. AI는 기획, 카피라이팅, 디자인, 영상 제작까지 아우르며 단일 유저의 업무 범위를 확장하는 확장형 에이전트로 진화하고 있다. 미드저니(Midjourney), 스테이블 디퓨전(Stable Diffusion), 달리(DALL · E)로 키 비주얼 시안 및 스토리보드용 이미지를 제작하고, 소라(Sora), 런웨이(Runway), 루마(Luma), 피카(Pika), 클링(Kling) 등으로 영상을 제작한 뒤, 어도비 프로그램으로 광고 소재를 편집해 완성한다. 재스퍼(Jasper)가 브랜드 스토리와 카피를 다듬고, 수노(Suno)의 AI 음악 제작과 헤이젠(HeyGen)의 다국어 더빙이 더해져 글로벌 콘텐츠로 확장된다.

필자가 AI 도입 전 브랜드 광고를 제작할 때에는 고품질 영상을 예산 내에서 제작하기 위해 글로벌 로케이션 스카우팅과 프로덕션 예산 최적화에 상당한 시간을 투자해야 했다. 결국 태국에서 물리적 세트를 구축하고 본 촬영을 진행한 후, 독일의 포스트 프로덕션 스튜디오에서 정교한 후반 작업을 거쳐 캠페인을 완성했다. 그러나 이젠 AI 기술 덕분에 일회성으로 제작되는 고비용 세트와 해외 로케이션 촬영의 필요성이 줄어들고 있으며, 후반 작업 스튜디오의 비용 부담 역시 합리적인 AI 솔루션 구독료로 대체되고 있다. 이제는 몇 줄의 프롬프트만으로 브랜드 광고를 제작할 수 있다는 사실이 매순간 놀라울 뿐이다.

점심 식사 후 산책 중 떠오른 아이디어는 스마트 글라스로 촬영한 사진들과 함께 AI가 자동으로 정리한다. 이제는 종이 메모지나 아이패드를 들고 다니며 아이디어를 기록할 필요가 없어졌다. 오후에는 구글 제미나이를 활용해 원격 근무 중인 팀원들과 실시간으로 협업하며, 클라이언트의 브랜드 자산(IP)을 분석한 후, 이를 기반으로 생성형 콘텐츠를 만들 수 있는 프롬프트와 워크플로를 구축한다. 주 1회의 대면 미팅만으로도 프로젝트는 원활하게 진행된다. 퇴근 전에는 자체 AI 플랫폼에 새롭게 축적된 AI 생성 콘텐츠들을 검토하고, 링크드인(LinkedIn), 허깅페이스(Hugging Face), 레딧(Reddit) 같은 커뮤니티 기반 AI 정보 공유 플랫폼을 통해 최신 트렌드를 파악한다. 나아가 신규 비즈니스 기회를 모색하며 협업을 이어 간다.

AI는 더 이상 실험적 보조 도구가 아니다. 과거 열 명의 인력이 일주일 걸려야 완성할 수 있었던 콘텐츠를 이제는 단 하루 만에 한 명이 혼자서도 제작할 수 있다. 브랜드 디렉터 한 명이 열 개의 AI 도구로 열 명 이상의 업무를 처리하는 시대는 과장이 아니라, 실제 인하우스와 에이전시에서 빠르게 실현되고 있다.

AI에 적응한 브랜딩 전문가는 더 이상 시간에 쫓기지 않는다. 반복적이고 소모적인 업무는 AI가 처리하고, 과거 대규모 인력이 필요했던 작업은 지능형 도구들이 빠르고 정밀하게 수행한다. 그 결과 창의적 사고와 전략적 판단에 집중할 수 있는 여유가 생기고, 새로운 브랜드 경험을 설계하는 과정에서 창작의 즐거움을 느끼는 순간이 점점 더 늘어나고 있다.

AI의 선택과 활용 방식은 사용자 선호도, 산업 동향, 기술 발전 수준, 활용 목적에 따라 달라질 수 있다. 그러나 종류와 관계없이, 전 세계적으로 하루 평균 열 개 이상의 AI 도구를 워크플로에 내재화한 브랜딩 전문가들은 나날이 증가하고 있다. AI는 오늘보다 내일, 우리의 일상과 업무에 더 깊이 파고들 것이다.

그럼에도 여전히 AI 도구를 활용하지 않는 이들이 있다. 마치 서서히 끓는 물속 개구리처럼, 지금은 변화의 필요성을 인지하지 못할 수 있다. 그러나 변화에 둔감하면 어느 순간 조용히 도태된다. 혹자는 '이미 늦은 건 아닐까'라고 불안해할 수 있다. 하지만 챗GPT가 대중에 공개되어 AI 열풍이 사회 전반에 불어닥친 것이 2022년 11월, 불과 얼마 전의 일임을 감안하면 아직 늦지 않았다. 지금이야말로 AI를 받아들이고, 브랜드 실무 전반에 통합할 적기다.

AI는 챗GPT가 아니라 문명 혁명

인간의 상상력이 만든 강력한 도구, AI가 새로운 문명 혁명을 이끌고 있다. AI를 단순히 챗GPT와 같은 대화형 챗봇으로 인식하는 것은 이 혁명적 기술의 본질을 제대로 이해하지 못하는 것이다. 컴퓨터 비전, 자연어 처리, 로보틱스, 강화학습, 딥러닝 등을 통해 제조, 의료, 제약, 금융, 엔터테인먼트, 교육 전반의 혁신이 이루어지고 있다. 2024년 존 홉필드(John Hopfield)와 제프리 힌턴(Geoffrey Hinton) 교수, 알파고의 아버지 구글 딥마인드 CEO 데미스 허사비스(Demis Hassabis) 등 AI 선구자들의 노벨상 수상은 AI가 현대 과학기술의 핵심 영역으로 공인받은 순간이었다.

AI의 태동은 1950년 영국의 수학자 앨런 튜링(Alan Turing)이 제안한 튜링 테스트로부터 시작되었다. 그는 기계가 인간처럼 사고할 수 있는지 기준을 제시하며, 인공지능의 개념을 구체화했다. 1956년 다트머스 회의에서는 '인공지능(Artificial Intelligence)'이라는 용어가 처음 등장했다. 1966년 MIT의 엘리자는 인간-컴퓨터 대화의 가능성을, 1997년 IBM의 딥블루는 체스와 같은 특정 영역에서 기계가 인간의 능력을 넘어설 수 있음을 입증했다.

2012년 제프리 힌턴 교수 팀의 알렉스넷이 이미지넷 대회에서 우승하며 딥러닝 시대의 막이 올랐다. 기계가 스스로 학습하고 시각 정보를 인식할 수 있음을 보여 준 이 사건은 AI 발전의 기폭제가 되었다. 그로부터 4년 후, 2016년 알파고(AlphaGo)와 이세돌의 대결은 AI 역사에서 또 하나의 중대한 전환점이 되었다. 수천 년간 인간의 직관과 경험이 지배해 온 바둑에서 AI가 승리하며, '연산을 넘어 전략적 사고, 직관, 창의성까지 가능할까?'라는 질문을 세상에 던졌다. 이는 1969년 인류의 달 착륙에 비견될 만큼 중요한 이정표로 평가되었다.

이후 AI는 더 광범위한 영역으로 빠르게 확장되었다. 2022년 8월 AI 생성 이미지의 콜로라도 주립 박람회 미술대회 수상은 예술 창작 영역으로의 확장을 알렸고, 같은 해 11월 챗GPT의 등장은 AI 대중화의 전환점이 되었다. 2025년 1월, 중국 스타트업 딥시크(DeepSeek)의 등장은 AI 시장에 또 다른 지각변동을 예고했다. AI는 인류의 기대를 넘어서는 속도와 방식으로 진화하며, 매 순간 불가능의 경계를 무너뜨리고 있다.

AI는 지금 과학기술을 넘어서, 현실 속 창작 환경과 브랜드 실무 전반에 직접적인 영향을 미치고 있다. 필자는 셀라(Selah)라는 작가명으로 디지털 아트 활동을 병행하고 있는데, 이러한 변화를 추상적 담론이 아닌 생생한 현장의 경험으로 마주하고 있다. 불과 몇 년 전만 해도 전문가들의 영역이었던 크리에이티브 작업이 이제는 AI의 도움으로 훨씬 더 접근하기 쉬워졌다. 어도비를 포함한 디자인 툴에 통합된 AI 기능은 자료 조사부터 아이데이션, 영상 편집, 촬영 앵글 변환, 배경 확장, 불필요한 요소 제거까지 크리에이티브 워크플로 전반을 혁신하고 있다. 한 번의 클릭이나 간단한 프롬프트 입력만으로도 과거에는 수 시간, 길게는 수 일이 소요되던 작업이 순식간에 완성된다. 이러한 변화는 브랜드 마케팅 현장에서도 뚜렷하게 나타난다. 2025년 4월 글로벌 뷰티브랜드 에스티 로더는 어도비의 생성형 AI 기술 파이어플라이를 활용해 브랜드 콘텐츠 제작을 간소화하고 디지털 마케팅 캠페인 활동을 확대한다고 발표했다. 이는 기업들이 이미 AI 기술을 브랜딩 과정에 자연스럽게 도입하고 있다는 현장의 증거다.

생성형 AI를 활용한 콘텐츠 제작은 품질과 다양성 측면에서 비약적 발전을 이루었을 뿐 아니라, 진입 장벽도 낮아졌다. 지브리풍, 디즈니 스타일, 바비인형 콘셉트 등 고유의 화풍을 반영한 이미지를 누구나 손쉽게 생성할 수 있게 되면서, AI 밈(meme) 현상도 브랜드 커뮤니케이션의 또 하나의 방식으로 떠올랐다. 인간과 AI의 공동 창작물은 그 경계가 모호해지면서, 브랜딩의 속도, 품질, 확장성이 동시에 향상되고 있다. AI는 현대 브랜드 디렉터들에게 전례 없는 창작 환경을 제공하며, 크리에이티브의 경계를 빠르게 확장하고 있다.

좁은 지능에서 초지능으로

인류 문명은 지금까지 세 차례의 혁명적 전환을 겪었다. 증기기관과 기계화가 이끈 1차 혁명, 전기 발명이 일으킨 2차 혁명, 전자와 컴퓨터, 인터넷 발달이 이끌어 낸 3차 혁명이 그것이다. 그리고 현재 로봇공학, 사물인터넷, 빅데이터, 3D 프린팅, 나노 기술과 함께 AI가 이끄는 4차 혁명이 진행 중이다(Schwab, 2018). AI는 디지털 트윈, 메타버스, 블록체인과 같은 웹 3.0 기술과 결합해 기술 발전을 가속화하고, 새로운 디지털 경험의 시대를 열고 있다.

AI의 핵심 특징은 자기학습과 진화 능력이다. 현재는 특정 작업에 특화된 좁은 인공지능(Artificial Narrow Intelligence, ANI) 단계지만, 이미 인간 수준의 범용 인공지능(Artificial General Intelligence, AGI)을 향해 나아가고 있다. AGI는 창의성, 감정, 논리적 사고, 적응력을 갖춘 단계로, 일론 머스크는 2026년 말 AGI의 도래를 전망했다(The Sun, 2024).

이러한 발전 궤도가 지속된다면, 인간의 지적 능력을 뛰어넘는 초지능(Artificial Super Intelligence, ASI)의 등장도 예견된다. 미래학자 레이 커즈와일(Ray Kurzweil)은 2045년을 '기술적 특이점(Technological Singularity)'으로 예측했으며, 이는 AI가 스스로 진화해 인간의 지능을 초과하는 시점을 의미한다. 머신러닝 모델의 성능 향상, 컴퓨팅 파워의 증가, 신경망 구조의 발전 등은 이러한 시점을 더욱 앞당길 가능성이 있다. 최근 AI의 복잡한 패턴 인식 능력, 다영역 문제 해결력, 그리고 예상을 뛰어넘는 독자적 문제 해결 사례들이 이를 뒷받침한다.

멀티모달(multimodal) 기술의 발전은 인공지능의 진화를 더욱 가속화할 전망이다. 현재 AI는 텍스트, 이미지, 오디오, 비디오 등 다양한 유형의 데이터를 처리하지만, 대부분 인간이 수집·정제한 데이터에 의존해 왔다. 그러나 고도화된 센서 기술로 AI가 환경을 직접 인식하고 데이터를 자율적으로 수집하게 된다면, 그 발전 속도는 비약적으로 빨라질 것이다. 메타가 개발 중인 고해상도 터치센서를 탑재한 로봇 스킨과 같은 촉각 기술이나 고해상도 비전 시스템은 AI가 물리적 세계를 능동적으로 탐색하고 실시간으로 분석하는 능력을 강화한다. 이러한 기술 융합은 초지능(ASI)의 실현 가능성을 한층 현실적인 과제로 만든다. 이러한 발전이 통제 없이 가속화될 경우, AI는 인간의 인지 기능을 모방하는 수준을 넘어 스스로 판단하고 결정하는 자율성을 획득할 수 있다.

따라서 AI는 노동 시장 재편, 교육 시스템 개혁, 과학기술의 발전을 가속화하는 동시에, 인간의 통제력과 책임에 대한 윤리적 과제 또한 함께 제기한다. 역사학자 유발 하라리(Yuval Noah Harari)가 저서 『넥서스』(2024)에서 지적했듯이, AI 혁명의 본질은 '주체성'이다. 이전의 기술들이 인간의 업무를 보조하는 수동적 도구였던 반면, AI는 스스로 창조적 힘을 발휘하며 인류의 역사와 생명체의 진화 경로까지 바꿀 가능성이 있는 독립적 주체다.

초지능의 등장은 기술적 진보인 동시에, 인류 전체의

책임 있는 대비를 요구하는 중대한 전환점이 될 것이다. 이에 인류는 AI 거버넌스 체계와 윤리적 가이드라인을 수립해 이 기술이 인간의 기본권을 침해하지 않도록 조치해야 한다. 메타의 최고경영자 마크 저커버그(Mark Zuckerberg)도 동의했듯, AI는 사람에게 이롭게 작용하는 방식으로 개발되어야 하며, 이를 위해 포괄적이고 글로벌한 거버넌스가 필요하다. AI는 챗GPT가 아니라 인류 문명을 근본적으로 재구성할 혁명적 변화다. 우리는 지금 역사적 전환점에 서 있으며, 이 새로운 문명을 현명하게 준비하고 이끌어 가야 할 책임이 있다.

디코딩 AI 세대

브랜딩은 인류에 대한 깊은 이해에서 출발한다. 브랜딩에서도 AI를 인류 문명을 혁신하는 동력으로 바라봐야 한다. 현대 사회에서 인류는 더 이상 단순한 소비자가 아니라 다차원적 정체성을 지닌 존재로 진화했다. 현대인은 제품과 서비스를 소비하는 동시에 판매하고, 투자하며, 생산하는 존재다. 디지털 시대가 도래하면서 사람들은 콘텐츠의 소비자이자 창작자가 되었고, 때로는 존재 자체만으로도 브랜드가 된다.

인류가 호모 사피엔스에서 호모 데우스로 진화할 가

능성이 제기되는 가운데(Harari, 2023), 인간은 기술 발전과 사회 변화에 발맞춰 매일 삶의 방식을 유동적으로 재구성하고 있다. 디지털 노마드, 슬로 리빙, 홈바운드와 같은 상이한 라이프스타일도 공존한다. 이러한 변화는 브랜드와 인간의 관계를 지속적으로 새롭게 정의할 필요성을 제기한다.

필자는 브랜드 전략 개발에 착수할 때마다, 컨슈머 인사이트 확보를 가장 중요한 선행 과제로 여긴다. 성공적인 신제품 개발과 브랜드 캠페인을 위해 X세대부터 밀레니얼, Z세대, 알파 세대에 이르기까지 다양한 세대의 가치관, 라이프스타일, 구매력과 의사 결정 영향력을 포함한 행동 특성을 다각도로 분석한다. 스몰 럭셔리 소비자, 프로슈머, 파이어족, 노바이 세대, 롱제비티 세대, 디지털 미니멀리스트와 같은 세분화된 니치 세그먼트에 대한 분석 역시 차별화된 경쟁 우위 확보의 전제 조건이다. 이렇게 도출된 전략적 인사이트는 브랜드 리포지셔닝, 고객 여정 설계, 리테일 전략, 브랜드 커뮤니케이션을 아우르는 통합 브랜딩의 토대가 되며, 제품 개발부터 캠페인 실행, 프로모션 기획에 이르는 마케팅 플래닝 전반의 의사 결정 기준으로 작용한다.

이제는 AI와 공존하는 우리 자신, 즉 AI 세대에 대한 심층적 분석이 브랜딩의 새로운 출발점이 되어야 할 시기다. 브랜드 전략가들은 AI 세대의 시대적 역할과 책임, 기술 발전과 사회 변화가 가져온 사고방식과 행동 양식의 변화를 고찰해야 한다. 단순히 AI 트렌드를 추종하거나 AI를 도구로만 활용하는 것이 아니라, 이러한 기술이 창출하는 인간의 새로운 니즈와 가치 변화를 분석해 브랜드의 미래를 누구보다 먼저 준비해야 한다. AI 시대의 소비자 코드를 해독하는 것, 즉 디코딩 과정을 통해 그들의 인지적, 감성적, 행동적 특성을 이해하는 것이 미래 브랜드가 경쟁에서 승리하기 위한 결정적 열쇠가 될 것이다.

새로운 관계의 출현

AI는 이전의 모든 혁신 기술들보다 더 빠른 속도로 우리 삶을 변화시키고 있다. 인터넷이 등장한 후, 1억 명의 사용자라는 핵심 임계점에 도달하는 데 약 7~10년이 걸렸다. 이후 스포티파이는 4년 7개월, 유튜브는 4년 1개월, 인스타그램은 2년 6개월이 걸렸다. 그러나 챗GPT는 단 2개월 만에 이를 달성했다(Venture Capitalist, 2023). 생성형 AI의 등장으로 인류의 일상은 빠르게 재구성되고 있다. 경험과 직관에 의존하던 이전까지의 의사 결정 방식이 이제는 AI의 데이터 기반 분석과 예측을 토대로 정밀하게 이뤄지고 있다. 업무 환경에서 AI는 인간이 설정한 페르소나에 따라 분석가, 조언자, 토론자, 혹은 비판자로서 다양한 관점을 제시하며, 사고의 편향을 줄이고 창의적 판단을 지원한다. 2023년 글로벌 시사주간지 ≪TIME≫이 표지 기사 제목 선정 과정에서 AI의 의견을 구하고, 이 대화 내용을 표지 이미지로 채택한 것은 대화 상대로서 AI의 역할을 인정한 상징적 사례다.

정보 습득 방식 또한 변하고 있다. 과거 여러 웹 페이지를 검색하고 비교하던 방식에서, 이제는 단일 프롬프트로 AI가 사용자의 맥락을 이해하고 최적화된 답변을 제공하는 방식으로 발전했다. 전문가가 아니더라도 AI의 도움으로 고품질의 글쓰기, 작곡, 디자인, 코딩을 할 수 있다. 교육 분야에서는 학습자의 수준과 선호도에 맞춘 개인화된 학습 경험이 제공되며, AI는 때로 교사보다 더 인내심 있게 반복 학습을 지원하고, 실시간 피드백을 주며 학습 효과를 높인다. 특히 교육, 의학, 과학 분야에서 AI의 영향력이 두드러지게 나타나고 있다.

2023년, 필자는 국가인공지능(AI)위원회 염재호 부위원장이 초대 총장을 맡은 AI 중심 미래형 대학 태재대학교의 대외협력센터장으로서, 대학 브랜드 론칭 프로젝트에 참여했다. 브랜드 스토리 개발부터 뉴욕타임스 애드버토리얼, 대학 브로슈어, 웹사이트 구축에 이르기까지 기본 브랜드 애셋을 기획·제작했으며, 디지털 입학식과 태재미래교육포럼 등 주요 행사에 대한 언론 홍보를 전개했다. 이 과정에서 마이크로소프트의 최고과학책임자 에릭 호르비츠(Eric Horvitz)와 하버드대 명예교수 스티븐 코슬린(Stephen M. Kosslyn) 박사 등 세계적 AI 석학들과 직접 대화를 나눌 기회가 있었다. 70여 년간 진화해 온 AI 기술이 인간과의 관계에 미치는 영향이 단순한 기능적 차원을 넘어 정서적·사회적 층위로 확장되고 있음을 실감하는 순간이었다.

AI 시대에 가장 주목할 점은 바로 '관계의 새로운 차원'이 출현했다는 것이다. AI와 정서적 유대를 형성하고, AI의 조언을 더 신뢰하며, 때로는 인간관계보다 AI와의 상호작용을 선호하는 현상도 나타난다. 인간-인간, 사물-인간, 동물-인간 관계를 넘어, 주체성을 지닌 존재처럼 느껴지는 AI와의 관계가 형성되고 있으며, 더 나아가 AI와 AI 간의 관계까지 등장하고 있다. 이는 인류가 처음 마주하는 전례 없는 상호작용 방식이다. 인간이 AI와 감정적 관계를 맺고 심지어 결혼하는 시대가 올 것이라는 전망도 제기되고 있다. AI는 인간의 능력을 보완하고,

새로운 삶의 가능성을 열어 주며, 일상의 질을 향상시키는 조력자가 될 수 있다. 이제 인류는 AI를 하나의 독립된 존재(Being)로 받아들여야 하는 문명사적 전환점에 서 있다.

이러한 시대적 흐름을 반영하듯, AI 시장이 급성장하고 있다. 스태티스타(Statista)에 따르면, 글로벌 AI 시장은 2025년 약 2,437억 달러(약 326조 원)에 이르고, 연평균 28%의 성장률로 2030년에는 약 8,267억 달러(약 1,106조 원)에 달할 전망이다. 글로벌 자산운용사 블랙록(BlackRock)은 맥킨지 보고서를 인용하며 2030년까지 AI와 데이터 분석이 창출하는 연간 총 가치가 최대 15.4조 달러(약 2경 원)에 이를 것으로 전망했다. 기업들의 AI 도입률은 2023년 50%에서 2024년 72%로 증가했으며, 응답 기업의 88%가 이미 AI를 일상적으로 활용하고 있었다. AI 앱 시장의 성장세도 두드러진다. AI 앱 시장은 2024년 1월부터 8월까지 22억 건의 다운로드와 약 2조 6,500억 원의 매출을 기록했다. 특히 AI 아트 생성기와 챗봇이 전체 매출의 80% 이상을 차지하며 시장을 주도하고 있다. 브랜딩 분야 전문가들의 AI 활용률은 국가별 차이는 있으나, 60~80%에 달한다(SensorTower, 2024).

AI가 기업 성과에 미치는 영향이 가시화되고 있다. 전

세계 2,900개 기업의 84%가 AI 기술 투자에서 기대 이상의 수익률을 달성했으며, 이 중 14%는 현저히 높은 수익률을 기록했다(KPMG, 2024). 대표적으로 넷플릭스는 AI 추천 알고리즘으로 전체 시청의 80%를, 아마존은 AI 기반 추천으로 전체 매출의 35%를 달성했으며, 노스페이스의 경우 AI 챗봇을 통해 60%의 상품 추천 클릭률을 기록하며 고객 경험을 혁신하고 있다. 주목할 점은 AI의 효과가 대기업에만 국한되지 않는다는 것이다. 미국 상공회의소 기술혁신센터는 소상공인의 40%가 생성형 AI를 활용 중이며, 이들 중 86%가 업무 효율이 향상됐다고 보고했다. 국내의 경우, AI 도입 기업의 87%가 경영 성과 개선을, 40% 이상이 매출 증가를 경험했다(진회승 외, 2024).

그러나 이러한 혁신은 새로운 과제 또한 제시한다. 데이터 프라이버시, 알고리즘 편향성, 저작권 이슈, 딥페이크 가짜 뉴스 등은 브랜드가 책임 있게 다뤄야 할 과제다. UN, OECD 등 국제기구와 각국의 AI 법안과 규제는 AI 활용의 윤리적 가이드라인을 제시하고 있다. 기업은 이를 참고해 자체 AI 윤리 방침을 수립하고, 이를 지켜나가며, 고객과의 신뢰 관계를 구축해야 한다.

특히 AI와 함께 자라난 알파 세대는 'AI 네이티브'로

불리며, AI와의 소통과 경험을 자연스러운 일상으로 받아들인다. 이들은 브랜드에 대해서도 기존 세대와는 다른 기대를 품고 있다. AI 기반의 맞춤형 서비스를 기본으로 인식하고, 브랜드와의 실시간 상호작용을 기대한다. 기술 친화적인 태도뿐 아니라 브랜드의 사회적 책임, 윤리성, 투명성, 진정성, 지속 가능성과 같은 가치에도 민감하게 반응한다. 빠르게 변화하는 기술을 능동적으로 수용하는 동시에, 브랜드가 어떤 철학과 태도를 지니고 있는지 역시 중요한 판단 기준으로 삼는 것이다.

이처럼 새로운 세대의 기대와 가치관 변화는 브랜드가 AI 시대에 어떻게 소통하고 진화해야 하는지를 다시 묻고 있다. 각 브랜드는 AI 중심의 조직 문화를 구축하고 조직원의 AI 마인드셋 내재화를 추진하는 한편, 자사 브랜드 가치와 기술 혁신 사이의 균형을 찾아야 한다. AI 시대에 경쟁력 있는 브랜드는 기술 변화에 민감하게 반응하고, 그 기술을 통해 타깃 고객과 깊이 있는 관계를 설계할 수 있어야 한다.

리드할 것인가, 대체될 것인가

오늘날 경영자와 브랜딩 전문가들을 만나 보면 AI 수용 양상에 따라 크게 두 그룹으로 나뉜다. 첫째 그룹은 AI가

가져올 변화를 성장 동력으로 삼아 시장을 선점하려 한다. 이들은 AI 기술 습득에 몰입하고, 깃허브(Github), 디스코드(Discord), 슬랙(Slack)과 같은 플랫폼의 커뮤니티에서 활발히 교류하며, 오픈소스를 분석하고 독자적인 서비스를 구축한다. 또한 협업을 핵심 경쟁력으로 삼아 AI 각 분야 리더들과 연합해 새로운 가치를 창출한다. 반면 둘째 그룹은 AI 산업의 추이를 관망하며 시장의 안정화를 기다린다. 이들은 AI 서비스의 품질 향상과 비용 절감, UI/UX 개선 등이 충분히 진행될 때까지 도입을 유보한다.

이러한 태도 차이의 주요 원인 중 하나는 AI 리터러시(AI literacy)의 격차에 있다. AI 리터러시란 AI를 이해하고 활용하며 비판적으로 평가할 수 있는 능력을 말한다. AI를 실질적으로 활용해 성과를 경험한 집단과 그렇지 않은 집단 간의 격차가 이러한 태도의 차이를 만든다.

AI 리터러시가 중요한 이유는 AI가 자발적으로 질문을 제기하지 않기 때문이다. AI는 입력된 데이터와 요구사항에 따라 결과를 산출하는 시스템으로, '쓰레기가 들어가면 쓰레기가 나온다(Garbage In, Garbage Out)'는 원칙이 시사하듯, AI에 대한 요구의 품질이 산출물의 수준을 결정한다. 따라서 현재 활용 중인 AI 도구가 내 업무 효율과 전문성 향상에 도움이 되는지 점검해야 한다. AI에 던지는 내 질문의 적절성을 평가하고, 더 나은 결과를 얻기 위한 프롬프팅 노하우를 축적해야 한다. AI로 단시간에 처리할 수 있는 업무에 시간을 낭비하고 있지는 않은지, 업무 특성에 맞는 최적의 AI 도구 조합은 무엇인지 정기적으로 검토해야 한다. 실제로 전문 분야에서의 역량과 AI 도구에 대한 이해도가 높을수록 AI를 통한 유의미한 성과 창출이 용이하며, 그렇지 않은 경우 AI 활용을 통한 목표 달성이 어렵다는 'AI 격차' 현상이 확인되고 있다.

이러한 격차 현상은 인재 시장 전반에서 분명하게 나타나고 있다. AI가 프로그래밍, 저널리즘, 금융 거래, 법률 등 패턴 인식이 가능한 모든 영역에 관여하기 시작하면서, 실제 AI로 인한 인력 구조 조정이나 업무 조정, 해고 사례가 보도되고 있다. 최근 SNS 플랫폼에서는 해고 영상 브이로그(vlog)가 하나의 밈 현상으로 떠오르기도 했다. 광고, 마케팅, 디자인 등 브랜딩 관련 직무 역시 AI 대체 가능성이 거론되는 만큼, 브랜딩 종사자들은 AI가 가져올 사회 변화에 주목해야 한다. AI가 인간을 대체하지는 못하겠지만, 엔비디아 창업자이자 CEO인 젠슨 황(Jensen Huang)의 말처럼 "AI를 효과적으로 활용하는 사람이 그렇지 못한 사람을 대체할 것"이다.

이미 시장에서는 AI를 적극적으로 실험하고 활용하는 전문가들이 두각을 나타내고 있다. 2천 년 된 로마 파피루스 문서의 AI 해독으로 10억 원의 수익을 창출하거나 AI 아티스트 페르소나를 활용해 3년간 50억 원 매출을 달성한 사례들이 소개되고 있다. 이러한 흐름 속에서 AI 콘텐츠 크리에이터들은 다양한 브랜드와의 콜라보레이션을 통해 새로운 수익 모델을 구축하고 있다.

AI 분야의 S급 인재에 대한 수요가 증가하면서 기업 간 인재 확보 경쟁도 치열해지고 있다. 오픈AI는 경쟁사 구글 딥마인드의 시니어 엔지니어들을 영입해 취리히 연구소를 설립하고, 구글 AI 임원들에게 1000만 달러(약 133억 원)에 달하는 급여 패키지를 제안하기도 했다. 중국 스타트업 딥시크의 AI 개발자 대상 고연봉 스카우트, AI 프롬프트 엔지니어의 수십억 원대 연봉 협상 등은 AI 인재의 시장 가치가 얼마나 급격히 상승했는지 단적으로 보여 준다.

AI 기반 브랜딩 비즈니스의 성공 사례도 증가하고 있다. 1인 크리에이티브 대행사, 1인 콘텐츠 제작사, 1인 마케팅 에이전시가 등장하며, AI 기반 1인 기업이 유니콘으로 성장할 수 있는 시대가 열리고 있다. 오픈AI의

CEO 샘 알트만(Sam Altman)도 이러한 시대가 임박했다며 AI의 혁신적 잠재력을 강조했다. 스탠퍼드대학 AI 프로그램을 중퇴한 20대 CEO가 챗GPT와 유사한 AI 영상 기초 모델을 개발해 피카랩(Pika Labs)이란 스타트업을 설립하고 2천억 원의 투자를 유치하며 업계의 주목을 받기도 했다(BBC, 2024).

AI 시대의 브랜딩 가이드북

AI는 현대 브랜딩의 핵심 동력이다. 성공적인 브랜딩을 위해서는 브랜드 아이덴티티 확립부터 전략 수립, 경험 설계, 콘텐츠 제작, 캠페인 실행에 이르기까지 전 과정에 AI를 전략적으로 통합해야 한다. AI의 부상은 브랜딩 전문가의 역할과 역량 또한 근본적으로 재정의하고 있다. 브랜드가 지속 가능한 경쟁력을 확보하려면, AI가 야기할 수 있는 리스크를 관리함과 동시에, AI가 제공하는 혁신적 기회를 선제적으로 활용하는 균형 있는 접근이 필요하다.

이 책은 AI 도구 설명서나 프롬프트 매뉴얼이 아니다. 대신, 브랜딩 실무 현장에서 축적한 필자의 경험을 바탕으로, AI가 브랜딩 분야에 미친 영향과 시사점, 미래 전망, 그리고 AI 시대의 성공적인 브랜딩 전략을 종합적으로 다룬다. 최고 브랜드 관리자(Chief Brand Officer)와 실무자, 브랜드 경영을 지향하는 경영자, 퍼스널 브랜딩이 필요한 솔로프러너(Solopreneur)까지 – AI 시대의 브랜딩을 고민하는 이들에게 실질적이고 실행 가능한 통찰을 제공하고자 집필되었다. 또한, 브랜딩을 공부하거나 이 분야를 목표로 하는 예비 전문가들을 위해, 브랜딩의 정의, 브랜드 자산, 전략, 경험, 콘텐츠, 관계, 유형, 캠페인, 브랜딩 직업, 위기 관리와 지속 가능성 등 브랜딩 전반의 핵심 주제들을 망라해 기본 개념과 최근의 발전 흐름까지 함께 아우르고 있다.

마케팅 전문가 세스 고딘(Seth Godin)이 조언했듯이, AI 시대에 뒤처지지 않으려면 하루 30분 이상의 투자가 필요하다. 이 책에서 제시하는 주요한 명제들과 사례를 살펴보고 실천하며, AI 시대를 주도하는 브랜딩 전문가로서의 첫걸음을 내딛길 바란다. 기술은 변화하지만, AI 시대에도 결국 핵심은 브랜딩이다.

참고문헌

박영선 외(2024). 『AI, 신들의 전쟁』. 나남.
박태웅(2024). 『박태웅의 AI 강의 2025』. 한빛비즈.
서병수(2024). 『2025년 AI 슈퍼 사이클이 온다』. 이든하우스.
유니스타드 브랜드(n.d.). ≪브랜드 경영≫, 40호(시즌 3).

정보통신산업진흥원(2024). [GIP] 품목별 ICT 시장동향_인공지능_2024. https://www.nipa.kr

진회승 외(2024). 생성형 AI에 의한 소프트웨어 개발자 업무 영향 분석. ≪SPRi ISSUE REPORT≫, IS-179.

BBC News(2024.10.4). How AI video generation impacts Hollywood. https://www.youtube.com/watch?v=NrRIcjcgzNk

BlackRock(2024). 2025 Thematic outlook: AI and geopolitics forge new paths. iShares.

Boston Consulting Group(2024). Consumers know more about AI than businesses think.

Bostrom, N.(2014). *Superintelligence: Paths, dangers, strategies.* 조성진 옮김(2017). 『슈퍼 인텔리전스』. 까치.

Fortune Business Insights(2024). Artificial intelligence market size, share.

Gerlich, M.(2024). The societal perceptions of artificial intelligence and its impact on marketing in 2024. In Proceedings of the 5th World Conference on Business, Management, Finance, Economics and Marketing. Vienna, Austria.

Godin, S.(2024.2.13). Branding & marketing in the age of AI [Video]. YouTube. https://www.youtube.com/watch?v=SJPUm4RAtvA

Harari, Y. N.(2023). *Homo Deus: A brief history of tomorrow.* 김명주 옮김(2023). 『호모 데우스: 미래의 역사』. 김영사.

Harari, Y. N.(2023). *Nexus.* 김명주 옮김(2024). 『넥서스』. 김영사.

Jaupi, J.(2024.4.10). Elon Musk predicts AI will be ‘smarter than smartest human’ by end of 2026 and reveals huge upgrade for his Grok chatbot. *The Sun.*

Kaplan, J.(2024). *The future of generative AI.* 정미진 옮김(2024). 『생성형 AI는 어떤 미래를 만드는가: 최정상 인공지능 전문가의 15가지 미래 예측』. 한스미디어.

KPMG(2024). KPMG global AI in finance report. KPMG International. https://www.kpmg.com/AIinFinance

Kurzweil, R.(2005). *The singularity is near: When humans transcend biology.* 김명남 옮김(2007). 『특이점이 온다: 기술이 인간을 초월하는 순간』. 김영사.

Marcus, G. & Davis, E.(2021). *Rebooting AI.* 이영래 옮김(2021). 『2029 기계가 멈추는 날』. 비즈니스북스.

McKinsey & Company(2024.5.30). The state of AI in early 2024: Gen AI adoption spikes and starts to generate value.

The New York Times(2024.7.23). Mark Zuckerberg stumps for 'open source' a.i.

Schwab, K.(2018). *The fourth industrial revolution: The next.* 송경진 옮김(2018). 『클라우스 슈밥의 제4차 산업혁명 더 넥스트』. 메가스터디북스.

SensorTower(2024). State of AI apps 2024.

Statista(2024). Global AI Market Size. https://www.statista.com/forecasts/1474143/global-ai-market-size

U.S. Chamber of Commerce Technology Engagement Center(2024). Empowering Small Business: The Impact of Technology on U.S. Small Business. Third Edition. Technology Engagement Center.

Visual Capitalist(2024). How Threads reached 100 million users.

01
브랜딩 정의

브랜드는 더 이상 로고나 제품이 아니다. 우리와 인지, 감각, 감성적 교감을 나누는 하나의 인격체다. 브랜딩은 이 인격체를 소비자와 함께 창조하고 관계를 형성해 가는 과정이다. AI는 인류 문명의 혁명이다. 인류의 마음을 얻어야 하는 브랜딩도 이 혁명에 발맞춰야 한다. 이 혁명을 리드할 것인가, 뒤처질 것인가는 바로 지금 결정된다.

AI와 1인 창업?

브랜드란

브랜드는 제품을 식별하기 위한 표시에서 출발해 오늘날 조직의 존재 이유이자 미래 가치를 결정짓는 핵심 동력이 되었다. 고대 노르웨이어 'brandr(태우다)'에서 유래한 브랜드는 본래 가축의 소유권을 표시하는 낙인이었으나, 중세 길드 시대를 거치며 장인들의 제품 품질을 보증하는 표식으로 발전했다. 산업혁명과 대량생산 시대가 열리면서 브랜드는 제품 차별화의 도구로 가치를 인정받았고, 1870년대에는 각국의 상표법 제정으로 제도적 보호까지 받게 되었다.

19세기 말 코카콜라, P&G, 네슬레, 기네스 맥주와 같은 기업들이 브랜드를 관리하기 시작했고, N. W. 에이어(N. W. Ayer), J. 월터 톰슨(J. Walter Thompson), 로드 & 토머스(Lord & Thomas)와 같은 광고 대행사들이 브랜딩 전문 서비스를 시작했다. 20세기에 들어서며 IBM, 에르메스, 제너럴 일렉트릭 등은 브랜드 아이덴티티 체계를, GM은 시장 세분화 전략을, P&G는 브랜드 매니저 제도를 새롭게 확립하는 등 현대적 브랜드 관리의 기틀이 마련되었다.

TV 광고의 황금기였던 1950년대 이후 브랜드는 대중문화의 핵심 요소가 되었고, 1990년대 브랜드 가치평가

시스템이 도입되면서 기업의 무형 자산으로서 그 중요성이 커져 갔다. 21세기 소셜미디어가 브랜드 소통의 중심 채널이 되었다. 브랜드는 고객과의 일상적인 상호작용 속에서 감성적 유대를 강화해 갔다. 브랜드는 고객과의 관계 속에 유기적으로 변화하는 동적 경험의 총체로 점차 인식되었고, AI 기술의 발전으로 이러한 흐름은 더욱 가속화되고 있다.

브랜드는 기업의 핵심 자산이다. 실제로 글로벌 빅테크 기업들의 브랜드 자산가치는 시가 총액 대비 15~20% 내외, 총자산 대비로는 50%를 상회하는 수준으로 평가되기도 한다. 이러한 브랜드 가치는 M&A, IPO, 라이선스 계약, 프랜차이즈, 전략적 제휴 등 다양한 비즈니스 거래에서 협상 우위를 확보하는 전략 자산으로 작용한다. 영국 MBA 과정 중 한 브랜드의 M&A 인수 의향서(Letter of Intent)를 작성하고 가격 협상에 참여하면서, 재무제표상 유형 자산이나 수익성 지표만으로는 설명되지 않는 프리미엄이 브랜드 파워에 의해 결정되는 현실을 목격했다. 인수 대상 기업의 시장 인지도, 고객 충성도, 브랜드 연상 이미지 등이 최종 인수 가격에 일정 부분 수치화되어 반영되는 과정을 보며, 브랜드가 단순한 마케팅 도구가 아닌 실질적 비즈니스 자산임을 실감할 수 있었다.

브랜드는 품질 보증과 신뢰 구축, 차별화와 가치 창출의 도구이자 인사, 복지, 조직 문화의 구심점 역할을 한다. 소비자 의사 결정 과정에서는 정보 탐색 비용을 줄이고, 구매 리스크를 감소시키는 신뢰의 기반이 되며, 핵심 이해관계자와의 호의적 관계 형성에도 중추적 역할을 한다.

브랜딩이란

마케팅(Marketing)이 시장(Market)을 정의하고 만들며 관리하는 전략적 프로세스(-ing)인 것처럼, 브랜딩(Branding)은 브랜드(Brand)와 관련된 전략적 통합 프로세스(-ing)다. 브랜딩은 브랜드를 정의하고 구축하며 조정하고 강화하는 일련의 과정으로, 브랜드의 현재를 형성하고, 미래를 설계하는 전략적 활동이다.

본질적으로 브랜딩은 목표 고객의 인식 속에 그 브랜드만의 고유한 가치를 심는 과정이다. 그 가치는 혹자들이 이야기하는 '이미지' 또는 '매력'일 수도 있고, 브랜드 이론의 권위자 케빈 켈러(Kevin Keller)가 말한 '정신적 구조'일 수도, 마케팅 전문가 세스 고딘의 '스토리'일 수도, PR 기업 퍼블리시스가 언급한 '친숙함, 의미, 애정,

안도감의 패턴'일 수도, 글로벌 브랜드 컨설팅사가 말하는 '약속(Promise)'일 수도 있다. 그러나 이 모든 정의의 공통점은 바로 목표 고객의 의사 결정에 영향을 미쳐 시장에서 경쟁사가 아닌 자사의 브랜드를 선택하도록 만드는 강력한 이유가 되어야 한다는 점이다.

브랜딩은 현대카드 정태영 부회장의 정의처럼 페르소나 매니지먼트(Persona Management)로 이해할 수 있다. 애플 맥 프로, 삼성 갤럭시 북, LG 그램을 사람에 비유한다면 각각 어떤 성격과 취향을 가졌을까? 브랜드를 하나의 인격체로 상정하고, 시각적 아이덴티티, 가치관과 신념, 성격, 생활 습관, 사회적 역할과 책임, 문화적 취향, 관계 네트워크, 소속 커뮤니티 등을 인물의 스토리처럼 정의하고 관리하는 통합적 프로세스가 페르소나 매니지먼트, 즉 브랜딩이다.

브랜딩은 제품과 서비스에 브랜드의 힘을 부여한다(Kotler et al., 2021). 'Anything'인 일반 제품이나 서비스를 재무적 자산가치를 지니는 'Something', 즉 특별한 무언가로 전환하는 가치 창출 과정이다. 예컨대 나이키의 '스우시' 심벌은 단순한 시각적 장치를 넘어 품질, 퍼포먼스, 라이프스타일을 함축하는 브랜드 정체성으로 기능하며 제품에 차별적 가치를 창출한다.

이러한 브랜드의 힘은 퍼스널 브랜드에서도 확인할 수 있다. "우주 호텔을 세우겠다"는 발언이 일반인의 말이라면 허황된 공상으로 치부될 것이다. 그러나 블루 오리진의 제프 베이조스(Jeff Bezos), 스페이스X의 일론 머스크(Elon Musk), 버진 갤럭틱의 리처드 브랜슨(Richard Branson)과 같은 인물들의 말이라면, 회의적인 시각에도 불구하고 신뢰와 기대를 받으며 현실화 가능성이 진지하게 논의된다.

브랜드는 단순한 로고, 제품, 기업의 약속, 또는 광고의 총합이 아니다. 브랜드는 소비자가 제품, 서비스, 기업에 대해 느끼는 직관적 감정의 '결과'다. 브랜드는 기업이 정의하는 것이 아니라 고객의 머릿속에서 형성되는 개념이다(Marty Neumeier, 2020). 브랜딩은 이를 형성하고 관리하는 과정이다. 기업은 디자인, 메시지, 경험 등을 통해 소비자와 상호작용하며, 이를 통해 의도된 감정과 인식을 유발한다. 결과적으로 브랜딩은 고객의 머릿속에 브랜드 페르소나를 각인시키는 전략적인 활동이라고 할 수 있다.

일례로 브랜드 아이덴티티를 전면적으로 재정의했던 독일 주방용품 브랜드 휘슬러의 사례는, 브랜딩이 실제로 어떻게 작동하는지를 보여 준다. 필자가 휘슬러 한국

법인 마케팅 실장으로서 마주했던 당면 과제는 엄마가 사용하는 브랜드, 제품은 좋은데 올드한 이미지로 매출 정체가 지속되고 있다는 점이었다. 다양한 소비자 조사와 사내 토론을 거쳐 '엄마가 딸에게 물려주는' 전통적 포지셔닝에서 벗어나, 워너비 여성들이 갖고 싶은 럭셔리 라이프스타일 브랜드로의 리포지셔닝을 사내 임직원들과 함께 단행했다. 전략적으로 애비뉴엘 명품관 전시회 개최, 럭셔리 매거진 커버 광고 및 콜라보, 배우 김혜수를 아트 디렉터로 영입한 '휘슬러 인 판타지' 캠페인, 2억원대 다이아몬드 에디션 출시와 같은 프리미엄 브랜드 코드를 구축했다.

동시에 예술의 전당 전시, 야구장 최초의 프라이팬 시구, 구세군 냄비 교체 CSR, 동방신기와 무한도전 콜라보레이션, 영화 속 고급 주방 PPL, 쿠킹 콘서트 등 주방 브랜드로서는 최초의 시도들로 다각적 터치포인트를 활성화했다. 브랜드 경험의 일관성을 위해 50여 개 백화점 매장을 직영화하고 VMD를 모던하게 교체했으며, 웹사이트와 라벨링, 패키징, 기업 소개 자료 등의 품질도 전면 개선했다. 발레리나, 메이크업 아티스트, 바이올리니스트 등 성취적 여성들과 연계한 문화적 테마의 프로모션을 전개했다.

이러한 통합적 접근은 4년 7개월 간 200% 이상 매출 성과로 이어졌으며, 특히 20~40대 여성들의 '갖고 싶은 브랜드'로 자리매김하는 데 성공했다는 평을 받았다. 한국 법인의 브랜딩 사례는 베스트 프랙티스로 독일 본사의 글로벌 전략으로 채택되며 타 지사의 벤치마킹 대상이 되었다. 브랜딩이란 고객 인식 속에 브랜드 페르소나를 재구축할 수 있는 강력하고 변혁적인 전략적 과정임을 보여 주는 사례라고 할 수 있다.

브랜딩의 핵심 역할

브랜딩은 조직의 존재 이유와 방향성이 되는 세계관을 만드는 작업이다. 불가리 호텔은 이탈리안 럭셔리, 비버리힐즈 호텔은 할리우드 글래머, 노부 호텔은 모던 재패니즈, 에이스 호텔은 로컬 힙스터 부티크처럼 자신만의 독특한 세계관을 만들었다. 반면 하얏트 호텔은 글로벌 체인 호텔로서의 보편적 가치는 지니고 있으나, 차별화된 브랜드 연상이 상대적으로 약하다. 나이키가 호텔 사업을 시작한다면 어떤 호텔일지 쉽게 연상되는 데 반해, 하얏트가 신발을 만든다면 어떤 신발일지 떠올리기 어려운 것과 같은 맥락이다. 쉽게 연상되는 세계관을 가진 브랜드를 만드는 것은 어려운 만큼 중요하다.

파타고니아는 이러한 측면에서 성공적인 브랜딩의 전형을 보여 준다. 사명선언문(Purpose Statement)에 '환경 보호를 위한 비즈니스'라는 철학을 명확히 하고, '1% 포 더 플래닛(1% for the Planet)' 캠페인, '원 웨어(Worn Wear)' 재판매 · 재활용 캠페인 등 이를 뒷받침하는 활동을 꾸준히 이어 가고 있다. 이러한 철학은 미국 상원의원 선거에서 기후변화 부정론자들에 반대하는 메시지를 제품에 새기고, 국립공원 보호구역 축소 결정에 정면으로 반대하는 등 정치적 이슈에도 과감한 목소리를 내게 했다. 다른 기업들이 논쟁적 주제를 피하고 중립적 입장을 취하는 상황에서, 이러한 가치 표명은 브랜드 철학이 확고하지 않았다면 감행하기 어려웠을 선택으로 이런 진정성 있는 태도는 브랜드 충성 고객 확보로 이어졌다.

브랜딩은 또한 경쟁 시장과 경쟁 대상을 정의하는 전략적 과정이다. 넷플릭스 공동 창업자 리드 헤이스팅스(Reed Hastings)는 넷플릭스의 경쟁자는 '수면(Sleep)'이라고 선언하며 경쟁의 범위를 고객의 시간과 관심으로 확장했다. 테슬라는 자동차 시장의 경쟁을 '지속 가능한 에너지 생태계 구축'과 '완전 자율주행'이라는 새로운 모빌리티로 전환하며 시장의 판도를 바꾸고 있다.

성공적인 브랜딩은 수익 창출과 기업 경쟁력 강화에

직접적으로 기여한다. 브랜딩은 단순한 비용 센터나 장기 투자가 아니다. 목표 기간 내 가시적 성과를 창출하는 과정이다. 텀블러 브랜드 스탠리(Stanley)는 기능 중심 제품에서 라이프스타일을 제안하는 브랜드로 리포지셔닝하며, 적극적인 SNS 마케팅을 통해 극적인 성장을 이루었다. Z세대 사이에서 텀블러를 개성 있게 꾸미는 '텀꾸' 문화가 유행하면서, 기존 40~50대 남성 아웃도어 고객층에서 10~30대 여성층까지 소비자 기반이 확장되었다. 이는 서울대학교 김난도 교수팀이 2025년 트렌드 키워드로 제시한 '토핑경제'와도 맥락을 같이하며, 브랜드가 제공하는 기본 가치에 소비자가 자신만의 개성을 더하는 공동 가치 창출 현상이 일어난 것이다. 그 결과 스탠리는 2019년 이후 4년 만에 매출이 10배 성장했다.

구찌는 2015년 새로운 CEO와 크리에이티브 디렉터를 영입한 뒤, MZ세대의 취향을 반영한 디자인 혁신과 브랜드 접점의 다변화를 통해 구찌의 독창성과 다양성을 상징하는 '구찌피케이션(Guccification)'이라는 신조어를 탄생시켰다. 이에 매출은 2015년 39억 유로(약 5조 1,082억 원)에서 2021년 97억 유로(약 13조 3,000억 원)로 증가했으며, 영업이익은 동일 기간 동안 3배 이상 늘었다.

브랜딩은 사회 인식을 전환하고 새로운 라이프스타일을 형성하는 문화적 기제로도 기능한다. 캘리포니아우유가공위원회의 '갓 밀크(Got Milk?)' 캠페인은 우유 소비 문화를 재정의했고, 폭스바겐의 '작게 생각하라(Think Small)' 캠페인은 소형차에 대한 인식을 긍정적으로 바꾸었다. '런웨이를 빌려준다'는 콘셉트로 시작한 '렌트더런웨이(Rent the Runway)'는 패션문화를 '소유'에서 '경험'으로 전환했고, 쏘카는 카셰어링을 통해 자동차 소유에 대한 고정관념을 깨뜨리며 공유 경제 시대의 문을 열었다.

AI 시대의 브랜딩

AI 기술의 발전으로 이제 누구나 로고를 제작하고, 콘텐츠를 생산하며, 브랜딩 전략까지 수립할 수 있는 시대가 도래했다. 과거에는 브랜드 로고와 애플리케이션 개발, 브랜드 가이드라인 수립은 물론, 모션 디자인, 사운드 아이덴티티, 디지털 인터페이스 경험, 내부 직원 대상 커뮤니케이션 톤, 익스피리언스 디자인(Experience Design)까지 포함한 통합 브랜드 아이덴티티 시스템(BIS) 설계에 수억 원에서 많게는 20~30억 원 이상이 소요되기도 했다.

그러나 생성형 AI의 등장은 이러한 아이덴티티 구성 요소들 역시 점차 자동화 · 모듈화된 방식으로 생성 · 적용할 수 있는 환경을 만들어 내고 있다. 이는 브랜드 구축의 진입 장벽을 획기적으로 낮출 것이다. 이제 브랜드에 대한 명확한 이해와 아이디어만 있다면, 디자인 기술이나 시각적 감각이 부족한 내부 담당자도 AI 디자인 툴을 활용해 원하는 결과물을 반복 수정하며 직접 제작할 수 있는 시대가 열렸다. 그 결과, 고가의 외주 비용은 감소하고, 브랜딩 전문 영역의 경쟁은 차별화된 크리에이티브 역량을 중심으로 더욱 치열해질 것으로 예상된다.

한편, AI 기반 브랜딩 툴의 대중화는 역설적으로 시장을 더 복잡하게 만들고, 브랜드 간의 차별화를 방해할 수 있다. 수많은 AI 생성 콘텐츠와 브랜딩 관련 신기술들이 단기간 유지될 '최초', '유일함'을 내세우며 쏟아져 나오고 있다. 그 결과, 유사 브랜딩이 범람하며 브랜드 간 경계가 희미해지는 현상도 발생한다.

이러한 도전 속에서 AI는 브랜딩 분야에 혁신적인 기회 또한 제공한다. AI는 생산성 향상(Productivity)을 통해 브랜딩 프로세스의 효율을 이끌고, 예측력(Prediction)을 바탕으로 전략적 의사 결정을 고도화한다. 개인화(Personalization)를 통해 고객 맞춤형 관계를 구축하고,

창의적 제안들(Proposals)로 다양한 브랜드 경험을 창출한다(HBR, 2024).

제일기획에서 글로벌 전자 브랜드의 마케팅 홍보를 대행할 때, 전 세계 수십 개 법인의 캠페인 계획을 검토하고, 각각에 맞는 예산 지원 기준을 수립하며, 추후 성과 분석까지 진행했다. 신제품 출시 시 브랜드 카탈로그와 프레스 키트를 제작해 각 지역에 브랜드 애셋으로 배포한 적이 있다. 이러한 프로세스는 AI로 인해 향후 자동화와 표준화, 통합 시스템화는 물론, 각 지역 특성에 맞는 커스터마이제이션까지 빠르고 효율적으로 구현될 것으로 예측된다.

또한 AI가 소비자 선택의 폭을 넓힐수록 소비자는 더 나은 선택을 위해 신뢰할 수 있는 브랜드를 더 찾게 될 것이다. 광고, 스팸, 정보의 홍수 속에서 이제 단순 노출만으로 소비자의 선택을 이끌어 낼 수 없다. 선택지가 무한히 확장될 AI 시대에는 브랜드의 적합성과 신뢰도가 그 어느 때보다 중요하다. 특히 온라인 쇼핑, 교육, 헬스, 금융, 데이팅, 여행과 같은 디지털 플랫폼에서 브랜드는 마치 하나의 자격증처럼 소비자의 의사 결정에 영향을 미치는 신뢰할 만한 인증이 되고 있다.

이제 소비자는 단 한 번의 프롬프트나 클릭으로 브랜

드를 탐색하고 소비를 결정하며, 이 과정에서 자신에게 꼭 맞는 브랜드를 직관적으로 찾길 원한다. 이처럼 AI가 선택 환경을 재편하는 시대에는 AI를 유능한 브랜딩 파트너로 인정하고 협업하며, 브랜딩의 본질을 통찰할 수 있는 전문가만이 이 흐름을 주도할 수 있을 것이다.

참고문헌

김난도 외(2024). 『트렌드 코리아 2025: 2025 대한민국 소비트렌드 전망』. 미래의창.

안혜원(2024.3.25). 홈쇼핑 등장한 '구찌 백'에 깜짝…놀라운 일 벌어진 이유. ≪한국경제≫. https://www.hankyung.com/article/202403253497g

Aaker, D.(2021). *Building strong brands*. 범어디자인연구소 옮김(2021). 『데이비드 아커의 브랜딩 정석: 최고의 브랜드는 어떻게 만들어지는가』. 유엑스리뷰.

Collins, M.(2024.1.5). Stanley cup craze floods TikTok feeds, raises 750 million in revenue. Forbes.

Elon Edge(2019.3.6). Millennials' newest obsession: Gucci. https://www.elonedge.com/blog/2019/3/6/millennials-newest-obsession-gucci

Eyal, N. & Hoover, R.(2014). *Hooked: How to build habit-forming products*. 조자현 옮김(2014). 『훅: 습관을 만드는 신상품 개발 모델』. 리더스북.

Forbes Coaches Council(2022.4.15). 15 concrete ways to improve a business' branding strategy. Forbes.

Godin, S.(2018.11.5). Everything you (probably) don't know

about marketing [Video]. YouTube. https://www.youtube.com/watch?v=BPK_qzeH_yk&t=6s

Goodwin, T.(2020.10.21). Everything wrong with brands. Branding Mag.

Harvard Business Review(2024.9). How AI can power brand management. *Harvard Business Review.*

Keller, K. L. & Swaminathan, V.(2020). *Strategic brand management: Building, measuring, and managing brand equity* (5th ed.). 김가은 외 옮김(2022). 『전략적 브랜드 관리: 브랜드자산의 구축, 측정 및 관리』. 시그마프레스.

Kotler, P., et al.(2021). *Marketing 5.0: Technology for humanity.* 이진원 옮김(2021). 『마켓 5.0: '휴머니티'를 향한 기업의 도전과 변화가 시작된다』. 더퀘스트.

The Futur(2020). What Is Branding? 4 Minute Crash Course [Marty Neumeier Interview]. YouTube. https://www.youtube.com/watch?v=sO4te2QNsHY

Schmitt, B.(2013). *Experiential marketing: How to get customers to sense, feel, think, act, relate.* 윤경구 외 옮김(2013). 『체험 마케팅』. 김앤김북스.

Schneider, P.(2021). *The next space race: The cosmic battle for earth's destiny.* 한윤진 옮김(2021). 『우주를 향한 골드러시: 왜 세계 최고의 부자들은 우주로 향하는가』. 쌤앤파커스.

02
브랜드 자산

브랜드는 곧 자산이다. 브랜딩은 비용 센터나 장기 투자가 아니다. 브랜드만이 창출할 수 있는 추가 수익을 실현하는 전략적 활동이다. AI는 브랜드 자산의 가치를 상승시키는 게임 체인저다. AI 없이 브랜드 성장은 느려지고, 투자 효율성은 낮아질 것이다. 지금이 기회를 선점할 때다.

AI와 MBTI?

브랜드 자산이란

브랜드는 고가의 자산(Equity)이다. 메리엄-웹스터 사전에서는 자산을 부채를 제외한 재산의 가치로, 옥스퍼드 사전에서는 회사가 발행한 주식의 가치로 정의한다. 브랜드가 자산이라는 개념은 재무적 가치의 실현과 수익 창출 가능성을 전제로 한다. 브랜드 자산은 매출액, 시가 총액, 예측 수익과 같은 재무적 요소와 브랜드 인지도, 선호도, 충성도, 연상, 지각된 품질 등의 비재무적 요소로 구성되는데, 에코 리서치(Eco Research, 2024)의 조사에 따르면 S&P 500 전체 시가 총액의 28%는 기업 평판과 같은 비재무적 요소였다. 브랜드 자산의 규모가 클수록 안정적인 고객 기반 확보, 경쟁 방어, 유통 영향력 강화, 가격 프리미엄, 사업 확장, 마케팅 비용 절감, 리스크 관리가 용이해진다. 또한 복제 불가능한 브랜드는 브랜드 라이선스와 상표권을 통해 추가 수익을 창출할 수 있다.

브랜드 자산가치는 인터브랜드(Interbrand), 칸타(Kantar), 브랜드 파이낸스(Brand Finance)와 같은 글로벌 평가 기관의 지표를 바탕으로 산정되거나 비교될 수 있다. 그러나 2024년 인터브랜드와 칸타의 브랜드 가치 평가에서 삼성전자의 순위 차이가 크게 나타난 사례처럼, 평가 기관마다 결과가 상이할 수 있으므로 단일 기관의 평가에 전적으로 의존해서는 안 된다. 기업은 자사의 브랜드 아키텍처, 포트폴리오 전략, 브랜드 퍼포먼스 매트릭스, 그리고 고객 브랜드 가치 프레임워크 등을 기반으로 독자적인 브랜드 자산 평가 시스템을 구축하고 체계적으로 관리해야 한다.

브랜드 석학 장 노엘 캐퍼러(Jean-Noel Kapferer)는 브랜드 자산을 브랜드가 창출하는 부가가치의 총합이라 정의했다. 브랜드는 브랜드명이 표시된 라벨을 부착하지 않았을 때 얻을 수 없는 고객, 시장, 수익을 창출한다(Leuthesser, L., 1988). 브랜드가 소비자의 의사 결정에 미치는 영향력은 1964년 랠프 앨리슨(Ralph Allison)과 케네스 얼(Kenneth Uhl)의 맥주 블라인드 테스트, 1980년대 펩시코가 주도한 코카콜라와 펩시의 블라인드 테스트를 통해 주목받기 시작했다.

이러한 브랜드의 영향력은 현재 시장에서도 확인할 수 있다. 프라다, 레이밴, 오클리가 모두 에실로룩소티카(EssilorLuxottica)에서 생산되지만 가격대가 다르며, OEM 상품들이 브랜드 라벨 부착만으로 더 높은 가격에 판매되는 현상이 대표적이다. 브랜드 자산은 성공적인 브랜딩만으로 그 자산가치를 높일 수 있는데, 이는 동일 브랜드의 국가별 시장 점유율 차이에서도 확인된다. 에르메스, 샤넬과 같은 럭셔리 브랜드는 물론, 시몬스, 스투시, 휘슬러, 배스킨라빈스와 같은 브랜드가 각 국가에서 실행한 브랜드 마케팅에 따라 특정 국가에서 유난히 강세를 보이는 현상이 빈번히 일어난다.

브랜드 아이덴티티와 브랜드 애셋

브랜드 자산은 브랜드 아이덴티티(Brand Identity)와 브랜드 애셋(Brand Asset)이라는 두 축으로 관리된다. 브랜드 아이덴티티는 기업의 본질적 DNA이자 브랜드가 지향하는 가치와 방향성을 함축한 정체성이다. 마케팅 전문가 린 업쇼(Lynn B. Upshaw)는 브랜드 아이덴티티를 브랜드의 전략적 개성을 구성하는 언어적, 시각적 표현의 총체로 정의하고, 브랜드의 비전, 가치, 개성, 관계, 포지셔닝을 포괄하는 개념으로 설명했다. 애플의 사례를 보면, '인간의 창의성과 자기 표현을 위한 혁신 기술'이라는 비전 아래 '창의성', '단순함', '사용자 중심'을 핵심 가치로 추구한다. '창의적이고 도전적인' 브랜드 개성을 바탕으로 사용자와 '영감을 주고받는 크리에이티브 파트너' 관계를 형성하며, '프리미엄 라이프스타일 테크' 브랜드로 포지셔닝한다. 반면 마이크로소프트는 '모든 개인과 조직의 성취를 돕는 기술'이라는 비전으로 '실용성', '접근성', '신뢰성'을 핵심 가치로 삼는다. '신뢰할 수 있고 전문적인' 브랜드 개성을 바탕으로 '조력자이자 파트너' 관계를 구축하며, '생산성 향상을 위한 필수 도구'로 포지셔닝한다.

브랜드 아이덴티티는 슬로건을 통해서도 분명하게 드러난다. 구글의 '올바른 일을 하라(Do the Right Thing)', 디즈니의 '꿈을 현실로 만들다(Making Dreams Come True)', 월스트리트저널의 '진실은 그 가치가 있다(The Truth Is Worth It)', 치폴레의 '진정성을 담은 음식(Food with Integrity)', BP의 '에너지를 다시 구상하다(Reimagining Energy)' 등이 대표적 사례다.

이러한 브랜드 아이덴티티는 브랜드 스페이스(Brand Space)에도 일관되게 구현되어야 한다. 베이커리 브랜드 런던 베이글 뮤지엄과 성심당, 파리바게뜨는 매장만 보아도 브랜드 아이덴티티가 상당히 다르다. 런던 베이글 뮤지엄은 영국 감성의 일러스트 아트와 빈티지 요소를 활용한 갤러리형 공간 디자인으로, 성심당은 전통과 지역성을 강조하는 따뜻한 분위기로, 파리바게뜨는 현대적이고 표준화된 프랜차이즈 이미지로 각자의 브랜드 가치를 공간에 투영하고 있다. 기업의 연례 보고서(annual report) 역시 하나의 브랜드 스페이스다. 예술을 선도하는 앱솔루트 보드카는 연례 보고서를 아트워크 중심으로 제작하는 한편, 애플은 미니멀리즘과 정제된 디자인을 반영해 자사의 브랜드 철학과 성과를 담아낸다. 물론 가상의 공간인 메타버스도 브랜드 아이덴티티가 반영되고 있다. 메타와 마이크로소프트가 자사 메타버스를 론칭할 때 선보인 UI/UX, 아바타, 브랜드 필름, 키노트 등 모든 요소들은 서로 뚜렷하게 달랐다. 메타는 소비자 중심의 접근법으로 친근하고 신나는 요소를, 마이크로소프트는 B2B 시장 목표로 비즈니스 상황에 직관적이고 실용적인 요소를 구현했다.

브랜드 아이덴티티를 수립할 때, 브랜드 속성을 함축적으로 담아내는 핵심어를 구성원들이 함께 정제하고 합의해 나가야 한다. 현대카드는 자사 카드를 대표하는 형용사를 선정하기 위해 1년여 동안 심층적 고민과 합의 과정을 거친 후, 'Bold, Insightful, Witty'로 최종 결정했다. 이렇게 정립된 브랜드 언어는 일반적으로 3~4년간 일관되게 적용되며, 브랜드 경험의 모든 접점에서 통합적으로 구현된다. 잘 정의된 브랜드 언어는 소비자의 기억 속에 브랜드의 고유한 위치를 견고하게 구축하는 데 기여하고, 지속적인 브랜드 가치 성장의 토대가 된다.

드비어스의 '다이아몬드는 영원하다(A Diamond is Forever)'나 BMW의 '궁극의 운전 머신(The Ultimate Driving Machine)'과 같은 표현은 수십 년이 지나도 변함없이 브랜드의 핵심 가치와 약속을 함축적으로 전달하며, 시간이 지날수록 더욱 강력한 브랜드 자산이 되고 있다.

브랜드 아이덴티티는 지속적인 관리가 필요하다. 브랜드 경험의 일관성이 조금이라도 훼손될 경우, 장기간 구축해 온 브랜드 자산가치가 크게 손상될 수 있다. 2003년 ≪데일리 미러≫에 영국 왕실에서 타파웨어를 사용해 식사하는 장면이 공개되면서 영국 사회에서 큰 화제가 되었다. 품격과 전통을 상징하는 왕실의 브랜드 이미지가 일상적인 플라스틱 용기와 어울리지 않는다는 반응이 많았기 때문이다. 수십 년에 걸쳐 구축되어 인식 속에 뿌리 깊게 자리 잡은 브랜드 정체성에 반하는 경험은 소비자에게 인지적 불일치를 일으키고 오랫동안 공들여 쌓아온 브랜드 자산의 근간을 흔들기도 한다.

한편 브랜드 애셋은 브랜드 자산을 구성하는 개별적 표현 요소를 의미하며, 언어적, 시각적, 감각적, 경험적 요소로 구성된다. 언어적 요소에는 브랜드 네임, 키워드, 슬로건, 매니페스토, 시각적 요소에는 로고, 심벌, 컬러 팔레트, 키 비주얼, 타이포그래피, 캐릭터, 패키지 등이 포함된다. 감각적 요소로는 카카오의 '카톡', '카톡왔숑'과 같은 효과음이나 징글, 브랜드 송 같은 청각적 요소와 교보문고 향수나 매장 내 러쉬 향과 같은 후각적 요소가 있다. 경험적 요소에는 UI/UX, 무드와 모티브, 룩앤필, 어조(Tone of Voice) 등이 있다. 디지털 시대의 도래로 브랜드 애셋의 범위는 리테일 매장에서 홈페이지, SNS, 커머스 플랫폼, 메타버스, 혼합현실, 소셜미디어 핸들(@brandname)에 이르기까지 확장되고 있다.

브랜드 네임은 가장 기본적인 브랜드 식별자로서, KFC와 같은 서술적 네임, 넷플릭스처럼 암시적 네임, 코닥과 같은 조어적 네임, 애플처럼 임의적 네임, M&M's나 PwC처럼 창립자의 이름을 활용한 네임 등 다양한 유형이 존재한다. 브랜드 아키텍처 측면에서는 애플의 'i-' 시리즈나 삼성의 'Galaxy'처럼 마스터 브랜드와의 연계성을 강화하는 'Branded House' 전략, 포드의 'Mustang'이나 테슬라의 'Model' 시리즈처럼 알파벳이나 숫자로 제품 라인업을 체계화하는 전략, P&G나 네슬레처럼 독립된 개별 브랜드를 운영하는 'House of Brands' 전략 등이 대표적이다.

이러한 브랜드 애셋들은 스타일 가이드로 체계화하고

브랜드의 존재 목적과 스토리를 담은 브랜드 아이덴티티 패키지나 브랜드 가이드북 형태로 정리해 이해관계자들과 공유한다. 브랜드 자산은 이러한 요소들의 성공적 구축과 체계적 관리를 통해 실현되는 총체적 가치다. 브랜드 아이덴티티가 브랜드의 본질과 방향성을 정의한다면, 브랜드 애셋은 이를 구체적으로 표현하고 전달하는 수단이 되어, 두 요소의 일관된 연계를 통해 강력한 브랜드 자산이 구축된다.

AI 시대의 브랜드 자산 관리

AI 시대의 브랜드 자산 관리는 AI 마인드셋 내재화와 기술 역량을 전제로 한다. AI 기술 도입 수준, 데이터 자산, AI 전문 인력, 디지털 전환 성과가 브랜드 자산가치의 새로운 평가 기준이 되고 있다. 글로벌 브랜드 가치 평가 기관들은 AI 역량을 중요한 평가 요소로 보고, 기업의 AI 관련 투자와 성과를 모니터링한다. 각 브랜드는 AI 정책과 기술 변화에 민첩하고 책임감 있게 대응해 평가 기관과 소비자의 신뢰를 확보해야 한다. 이는 '매그니피센트 세븐(Magnificent Seven)'이라 불리는 빅테크 기업만이 아니라 모든 산업의 과제다.

AI 서비스 브랜드의 자산가치 증대는 시장의 '표준' 지위 확보에 달려 있다. 검색의 구글과 네이버, 동영상 플랫폼의 유튜브처럼 AI 분야도 새로운 표준을 향한 경쟁이 치열하다. 챗봇 시장은 챗GPT의 초기 독주에서 제미나이, 클로드, 그록, 퍼플렉시티의 추격으로 변화하고 있으며, 온디바이스 AI의 상용화가 예상되는 가운데 애플 인텔리전스에 대응해 마이크로소프트가 자사 서비스인 코파일럿을 리브랜딩할 것이라는 반응도 나왔다. AI 반도체는 아마존, 구글, 메타가 자체 AI 칩을 개발하고 있지만, 엔비디아의 영향력이 압도적이다. 이러한 경쟁 구도는 AI 휴머노이드 부문에서도 유사하게 나타나며, 테슬라 옵티머스, 보스턴 다이내믹스 아틀라스 등 다양한 브랜드가 차세대 표준을 향해 경쟁하고 있다.

표준 선점의 핵심은 선도적 기술력, 네트워크 효과, 강력한 생태계 구축이다. 이미지 생성, 얼굴 인식, 언어 번역 등 AI 카테고리 세그먼트에서 사용자들의 선택을 받아 실질적 표준이 되는 것이 중요하다.

주목할 점은 기존 경쟁 구도에서 벗어나 틈새시장을 공략하는 전략도 유효하다는 것이다. 화장품 브랜드 글로시에(Glossier)나 친환경 신발 브랜드 올버즈(Allbirds)처럼 하이퍼니치 시장에서 차별화된 브랜드 포지셔닝으로 표준이 될 수 있다. 글로시에는 메이크업 초보자와 미니멀리즘을 추구하는 밀레니얼 고객층을 집중 공략해 대형 화장품 브랜드들이 간과한 시장을 개척했고, 올버즈는 지속 가능성을 핵심 가치로 내세워 신발 시장에서 독자적인 영역을 구축했다. 이는 AI 산업에서도 대규모 경쟁이 치열한 시장 대신 특정 산업이나 기능에 집중해 명확한 브랜드 아이덴티티로 성공할 수 있는 대안적 경로가 존재함을 시사한다. 성공적인 AI 브랜드의 미래는 거대 기술 기업만의 전유물이 아니라 창의적이고 차별화된 접근을 통해 모든 규모의 기업에게 열려 있다.

무엇보다도 브랜드 애셋 제작과 관리에서 AI 활용이 일반화되는 추세다. 조사, 분석, 기획, 제작, 실행, 관리 등 대부분의 브랜딩 영역에 활용되고 있으며, 다수의 브랜딩 담당자들이 이미 AI를 활용 중이다. 대기업뿐만 아니라 중소 디자인 부티크와 디지털 대행사도 개발자를 포함한 AI 전담 조직을 구성하거나 AI 전담 인력을 배치하기 시작했다. WPP의 'WPP Open', HSAD의 'DASH AI'와 같은 자체 AI 플랫폼도 증가하는 추세다.

브랜딩의 세부 분야별로 AI 도구가 점점 더 특화되는 현상도 주목할 만하다. 패션 업계 종사자와 음악 산업 종사자가 자주 사용하는 AI 도구의 조합은 다르다. 디자이너 사이에서 널리 알려진 미드저니, 달리, 제미나이 같은 생성형 AI 챗봇 외에도, 특정 브랜딩 작업에 특화된 도구들이 활용되고 있다. 예를 들어 네임릭스(Namelix)는 네이밍, 루카(Looka)와 로고AI(LogoAI)는 로고 및 심벌 디자인, 휴민트(Huemint)는 브랜드 컬러 팔레트 제작, 카피AI(Copy.ai)는 카피라이팅, 신서시아(Synthesia)는 AI 아바타 비디오 제작에 특화되어 있다.

AI 기술은 빠르게 발전하고 있으며, AI 도구들은 매일 생겼다 사라지고 있다. 따라서 브랜딩 전문가는 새로운 AI 도구를 적극적으로 실험하고 상황에 맞게 활용할 수 있어야 한다.

브랜드 자산은 이제 실시간으로 평가되며, 가치 변동의 진폭도 확대되었다. 그러나 브랜드 애셋의 가치는 시간이 흐를수록 증가하는 특성이 있다는 점도 참고해야 한다. 구찌의 GG 모노그램, 버버리의 시그니처 체크, 벤츠의 삼각별 로고가 럭셔리 브랜드의 상징이 된 것도 시대별 트렌드에 맞춰 혁신하면서도 핵심 아이덴티티를 꾸준히 유지해 온 결과다. 성공적인 브랜드 자산 관리를 위해서는 마케팅 근시안을 경계하고 브랜드의 본질적 가치를 중시하며, AI도 단순한 도구가 아닌 장기적 전략 파트너로 활용해야 한다. 이를 통해 시간이 지날수록 가치가 증대되고 복제할 수 없는 차별적 브랜드 자산을 구축할 수 있다.

참고문헌

ADZ 광고계동향(2024). 『Vol. 350』. 한국광고총연합회.

선재관(2025.1.11). AI가 이끄는 새로운 시대, 혁신의 현장에서 미래를 엿보다. ≪이코노믹 데일리≫. https://www.economidaily.com/view/20250111191255022

현대카드 DIVE(2020.12.14). 브랜딩하기 – 현대카드 CEO 정태영 [OVER THE RECORD]. YouTube. https://www.youtube.com/watch?v=NPTCJ7rf1_k

Aaker, D. A.(1991). *Managing brand equity*. Free Press.

Aaker, J. L.(1997). Dimensions of brand personality. *Journal of Marketing Research, 34*(3), 347–356.

Allison, R. I. & Uhl, K. P.(1964). Influence of beer brand identification on taste perception. *Journal of Marketing Research, 1*(3), 36–39.

Brandfinance(2024). Global 500 2024 report. https://brandfinance.com/insights/global-500-2024-report

Echo Research(2024). $11.9 trillion in S&P 500 firms attributed to reputation.

Erikson, V., & Lee, J.(2024.11.5). Windows intelligence: Microsoft might rebrand its Windows AI tools. PCWorld.

Garrison, B.(20251.13). Magnificent Seven AI stocks make up a huge part of the S&P 500. Marketplace.

Heath, C. & Heath, D.(2022). *Made to stick: Why some ideas survive and others die*. 안진환 · 박슬라 옮김(2022). 『1초 만에 착 달라붙는 메시지, 그 안에 숨은 6가지 법칙』. 웅진지식하우스.

Interbrand(2024). Best global brands.

https://interbrand.com/best-global-brands/
Kantar(2024). BrandZ global report. https://www.kantar.com/campaigns/brandz/global
Kapferer, J. N.(2012). *New strategic brand management: Advanced insights and strategic thinking*. Kogan Page.
Keller, K. L.(1993). Conceptualizing, measuring, and managing customer-based brand equity. *Journal of Marketing, 57*(1), 1-22.
Leuthesser, L.(1988). Defining, measuring, and managing brand equity(Report No. 88-104). Marketing Science Institute.
Lindstrom, M.(2011). *Brandwashed*. 박세연 옮김(2024). 『브랜드의 거짓말』. 리더스북.
May, T.(2024.2.27). *Special report: How design agencies are actually using AI in 2024*. Creative Boom.
Rust, R. T., et al.(2000). *Driving customer equity: How customer lifetime value is reshaping corporate strategy*. Free Press.
Trout, J., & Ries, A.(2021). *Positioning: The battle for your mind* (40th Anniversary Edition). 안진환 옮김(2021). 『포지셔닝: 인류 불변의 마케팅 클래식』. 을유문화사.
Upshaw, L. B.(1995). *Building brand identity: A strategy for success in a hostile marketplace*. John Wiley & Sons.
Wheeler, A.(2017). *Designing brand identity: An essential guide for the whole branding team*. Wiley.

03
브랜드 전략

브랜드 전략은 계획이 아니다. 브랜드 가치의 이론적 틀이자, 싸울 전장을 결정하는 과정이다. AI 기술은 타깃 적중률을 높이고, 전략 실행의 정밀도를 제고한다. AI 기술이 빠르게 발전하는 시대, 브랜드 전략은 고정된 계획이 아니라 미래를 예측하고 준비하며 유연하게 대응하는 방식이어야 한다. 브랜드 전략가의 역할과 필요성은 더욱 커질 것이다.

AI와 난임 극복?

브랜드 전략이란

브랜드 전략은 고객에게 제공할 가치에 관한 이론적 틀이자, 시장에서 경쟁 우위를 확보하기 위한 방향성이다. 이는 단순한 브랜딩 활동의 나열이 아니라 실행 가능한 선택들이 유기적으로 연결된 통합 체계다. 나아가 조직의 현재와 미래 행동을 이끄는 경영 전략의 핵심 축이기도 하다. 필자의 경험 상 많은 기업들이 국내외 탑티어 컨설팅 기관에 전략 수립을 의뢰하거나 그들의 방법론을 그대로 차용한다. 그러나 브랜드 전략이 효과적으로 작동하기 위해서는 조직 구성원 간의 깊이 있는 논의와 합의가 필수적이다. 전략을 실천할 주체가 공감하지 못하는 전략은 시장에서 성공하기 어렵다. 전략 없는 성공은 일시적 우연에 불과하며, 지속적인 성과를 위해서는 구성원이 함께 만들고 실행할 수 있는 전략이 필요하다.

전략 수립의 첫걸음은 브랜드의 존재 목적과 핵심 가치를 정의하는 근본적인 질문에서 시작된다. 브랜드를 사람에 비유한다면 그는 어떤 사람인가? 브랜드를 정의하는 핵심 문장과 키워드는 무엇인가? 브랜드는 어떤 가치를 추구하고 지향하는가? 브랜드는 누구에게 어떤 메시지를 전달하는가? 이해관계자들과 어떤 관계를 구축할 것인가? 고객 유치, 유지, 관계 강화를 위한 전략은 무엇인가? 이러한 질문들에 대한 답변이 명확하게 정리되어야만, 고객 여정의 각 접점별 브랜드 경험을 세부적으로 설계하고, 전환율 최적화를 위한 퍼널 전략을 수립할 수 있다.

브랜드 성과 관리를 위해서는 정량적, 정성적 지표의 통합적 측정 체계가 필요하다. 브랜드 인지도, 선호도, 충성도와 같은 브랜드 자산 지표와 함께 시장 점유율, 매출 성장률, 고객 생애 가치 등 재무적 성과 지표를 관리한다. 실시간 모니터링과 A/B 테스트를 통해 이러한 지표들을 지속적으로 개선해 나간다. 각 요소는 상호 연관성을 가지며, 측정 가능한 성과 지표와 연동된 일관된 브랜드 경험을 창출하는 방향으로 통합되어야 한다.

브랜드 전략 유형

브랜드 전략은 목표, 과제, 시장 상황에 따라 다양한 방식으로 설계된다. 신규 브랜드의 시장 진입과 성장을 위해서는 브랜드 구축 전략이 필요하다. 목표 시장의 구조와 특성을 심층적으로 분석하고, 이를 기반으로 경쟁력 있는 가치 제안을 도출하는 것이 핵심이다. 에어비앤비는 '어디에서나 우리 집처럼(Belong Anywhere)'이라는 가치 제안으로 단순 숙박 예약 서비스를 넘어 숙박 공유

경제, 나아가 여행 경험 플랫폼으로 자리 잡았다.

브랜드 확장 전략은 시장 포화, 고객 니즈의 다변화, 경쟁 심화 등에 대응해 기존 브랜드 자산을 활용해 시장을 확장하는 방식이다. 음반 사업으로 시작해 현재 항공, 호텔, 통신, 금융, 헬스클럽 등 40개 이상의 사업 영역으로 수평적 확장을 이룬 버진 그룹이 대표적이다. 아르마니의 경우, 최고급 라인인 프리베부터 대중적인 익스체인지까지 다양한 가격대의 브랜드를 구축하며 수직적 확장을 이뤘다.

브랜드 통합 전략은 여러 브랜드를 하나로 통합해 시너지를 창출하는 전략이다. 선경, 유공, 한국이동통신을 SK라는 단일 브랜드로 통합한 것이 대표적이다.

브랜드 혁신과 리브랜딩은 기업 아이덴티티의 전략적 재정의다. 페이스북이 '메타'로 리브랜딩하며 메타버스 기업으로의 전환을 선언했고, 기아는 브랜드명에서 '자동차'를 삭제함으로써 미래 모빌리티 기업으로의 도약을 표명하며 사상 최대 실적을 달성했다.

디브랜딩은 브랜드의 본질에 집중하는 미니멀리즘 전략이다. 무인양품(MUJI)은 브랜드를 전면에 내세우지 않고 단순한 디자인과 기능성을 강조하며 보이지 않는 브랜드를 지향한다. 이마트 노브랜드(No Brand)는 '브랜드가 아니다'라는 메시지를 내세우면서도, 오히려 강력한 브랜드로 인식되는 효과를 거뒀다.

이러한 전략들은 독립적으로 존재하지 않는다. 기업의 목표와 상황에 따라 유기적으로 결합되며, 하이퍼니치 전략이나 컨테이저스 전략, 디스럽티브 전략과 같은 접근법과 융합된다. 성공적 실행을 위해서는 확고한 리더십, 명확한 비전, 체계적인 실행력이 필요하다.

AI 시대 브랜드 전략

제품 중심의 대량 생산 시대에서 감성과 경험이 중시되는 정보화 시대를 거쳐, 이제는 AI가 주도하는 초개인화 시대로 진입했다. 직관적 통찰이나 일회성 크리에이티브만으로는 시장에서 지속 가능한 경쟁 우위를 확보하기 어려워졌다. '평균적 소비자'라는 개념은 의미를 잃어가고, 세분화된 니즈에 대응하는 정밀한 타기팅이 또 하나의 경쟁력으로 부상했다. 캐즘 단계에 머물러 있던 메타버스와 확장현실도 다시 활기를 띨 것으로 전망되면서, 고객 경험의 접점이 다차원화되고 브랜드 전략의 복잡성은 더욱 심화되고 있다.

시장을 오랫동안 주도해 온 레거시 브랜드의 입지가 약화되고 있다. 호카(HOKA)와 온러닝(On Running) 같은 DTC 기반 챌린저 브랜드가 MZ세대를 사로잡으며 성장하는 반면, 나이키는 부진한 실적으로 2024년 경영진 교체를 단행했다. 웨어러블 테크 시장에서 2024년 4조 원의 기업 가치를 달성한 훕(Whoop)은 '수면과 회복'이라는 틈새시장에 집중하며, AI 기반 프리미엄 구독 모델로 애플 워치와 어깨를 나란히 하고 있다. 스타벅스의 부진은 더치 브로스와 블루보틀 같은 스페셜티 커피 브랜드의 성장과 대조되며, 150년 전통의 하인즈는 슈퍼마켓 체인 알디(Aldi)의 저가 PB 제품과 지속적으로 비교되고 있다. 이러한 변화는 브랜드 전략이 핵심 정체성을 유지하면서도, 시장 변화에 유연하게 대응해야 함을 시사한다. AI의 확산과 AI 네이티브 세대의 부상은 브랜드-소비자 관계를 더욱 유동적으로 만들고 있다. 기업은 다양한 전략적 선택지를 준비해야 하며, AI는 이를 가능케 하는 핵심 실행 도구로 기능할 것이다.

브랜드 전략은 마케팅과 세일즈뿐 아니라 유통, 제조, 인사 시스템에까지 영향을 미치는 전사적 의사 결정이다. 잘못된 브랜드 전략이나 근시안적 의사 결정은 브랜드 자산을 근본부터 훼손할 수 있으며, 이를 복구하기 위해서는 경우에 따라 수배에서 수천 배에 달하는 자원 투입이 요구된다. 때로는 회복 자체가 불가능해질 수도 있다. 예컨대 갭(Gap)의 2010년 로고 리디자인은 소비자 반발로 며칠 만에 철회되었고, 트로피카나(Tropicana)의 패키지 변경도 매출 급감을 초래해 결국 원래 디자인으로 돌아갔다.

미국 여성 속옷 시장의 사례는 브랜드 전략의 중요성을 잘 보여 준다. 2024년 기준 글로벌 여성 속옷 시장 규모는 약 140조 원으로 추정되며, 뚜렷한 세분 시장으로 나뉜다(Cognitive Market Research, 2023). 화려한 디자인과 강력한 인플루언서를 내세운 빅토리아 시크릿(Victoria's Secret)과 새비지 엑스 펜티(SavageXFenty) 시장, 포용성과 다양한 체형을 강조하는 서드러브(ThirdLove)와 쿠프(Cuup) 시장, 지속 가능성과 기능성을 중시하는 하네스브랜드(HanesBrands)와 와콜 홀딩스(Wacoal Holdings) 시장이 대표적이다(Future Market Insights, 2024). 세분화된 시장에서 성공하려면 어떤 시장에서 경쟁할지 전략적으로 결정하고, 명확한 포지셔닝과 이에 부합하는 경험 설계가 필수적이다. 블랙핑크 리사가 등장하는 화려한 패션쇼, 60개 이상의 AI 가상 피팅룸을 통한 개인화 경험, 환경 친화적 캠페인은 모두 브랜드 전략에 따라 치밀하게 계획된 실행 사례들이다.

목표 시장 설정과 전략적 포지셔닝, 이에 부합하는 브

랜드 경험 제공은 성공적 브랜딩의 필수 요소다. 브랜드 전략은 어디서 어떻게 경쟁할지 전장을 결정하는 과정이다. 복잡한 경쟁 구도와 다양한 채널 환경에서 브랜드 전략이 없거나 애매하다면 경쟁에서 우위를 점하기 어렵다. 뷰티 브랜드 로레알이 전자 전시회 CES에서 키노트를 하는 이유, 소셜 확산력이 높은 노티드 도넛이 출시 초기에 인플루언서에게 무료 제품을 제공한 이유, 영화관이 90분짜리 티켓이 아닌 반나절의 문화 상품을 판매하는 이유는 모두 브랜드 전략가가 이해해야 할 주제다. 신차 출시 시, 성공한 남성의 차로 포지셔닝할지, 가족형 캠핑카로 브랜딩할지, 혹은 리스 상품을 강조한 실용적 이미지로 제시할지 등도 브랜드 전략의 본질적인 질문이다.

AI 기술의 발달로 더 많은 전략적 고려 사항이 등장했다. 브랜드의 가치와 비전에 AI를 어떻게 포함시킬 것인지, 디지털 플랫폼과 리테일 스토어에 AI를 어떻게 접목해 고객 경험을 향상시킬 것인지 결정해야 한다. 브랜드 애셋 개발에 AI를 어느 수준까지 활용할 것인지, AI 아바타, 챗봇, 에이전트, 크리에이터, 콘텐츠 등을 브랜딩에 도입할 것인지, 도입한다면 어떤 방식으로 접목할 것인지도 검토 과제다. 또한 AI 서비스 기업과 전략적 제휴를

맺을지, 자체 플랫폼이나 서비스를 개발할지도 함께 고민해야 한다.

브랜드 전략의 미래

AI는 브랜드 전략의 수립과 실행을 고도화하며, 특히 시장 세분화, 초개인화 마케팅, 동적인 옴니채널 경험 설계에 기여한다. AI 기술은 브랜드 애셋의 제작, 최적화된 미디어 믹스 설계, 실시간 브랜드 현황 분석과 성과 측정을 자동화한다. 고객 세그먼트별 AI 최적화와 AI 윤리를 반영한 브랜드 가치 체계 구축도 핵심 과제이며, 샘러쉬(Semrush), 브랜드워치(Brandwatch), 브랜드빌더(Brandbuildr.ai) 등 브랜드 전략 수립을 돕는 AI 기반 도구도 증가하고 있다.

그러나 AI 기술이 아무리 정교해지더라도, 브랜드의 존재 이유와 고객에게 제공할 근본적 가치를 설계하는 과정은 인간이 주도해야 한다. 이는 단순한 정보 처리의 문제가 아니라, 조직원의 철학과 태도, 신념이 반영된 판단이 요구되는 일이기 때문이다. 이러한 인간의 주체적 개입은 브랜드 아이덴티티의 획일화와 창의성 저하를 방지하고, 브랜드를 진정성 있게 만든다.

성공적인 브랜드 사례들은 휴먼 터치의 중요성을 잘

보여 준다. 안장 모양의 프링글스 칩과 원통형 캔 포장을 개발한 인간의 집요함, 러쉬의 오감 브랜드 전략을 탄생시킨 '친환경 제품이 꼭 무색무취여야 하는가'라는 창업자의 의문, 오렌지 박스를 에르메스의 상징적 자산으로 만든 스토리와 크리에이티브가 그 예다. '왓섭?(Whassup?)' 슬로건으로 슈퍼볼에서 주목받은 버드와이저의 전략적 선택, 남성 세면도구의 주 구매층이 여성이라는 통찰로 '당신의 남자에게서 날 수 있는 향기가 나는 남자(The Man Your Man Can Smell Like)' 캠페인을 펼친 올드 스파이스의 결정도 마찬가지다. 이러한 사례들은 문화적 맥락의 이해, 감성적 스토리텔링, 혁신적 크리에이티브 발상 등 AI가 완벽히 수행하기 어려운 영역이 여전히 존재함을 보여 준다. AI 기술이 발전하더라도, 브랜드의 본질을 정의하고 차별화된 경험을 기획하는 것은 결국 인간의 통찰력과 창의성에 달려 있다.

참고문헌

김준철(2024.8.6). "안주한 1위, 나이키의 추락" [사례연구]. ≪한경매거진≫.

여병화(2023). 『셀렉트』. 웨일북스.

한국마케팅연구원(2014). 성공적인 브랜드 전략, 연관성이 핵심이다. ≪마케팅≫, 48(2), 34-42.

Berger, J.(2013). *Contagious: Why things catch on*. Simon & Schuster.

Cognitive Market Research(2023). Ladies underwear market report 2025 (Global edition).

Cohen, W.(2015). *Drucker on marketing*. 이수형 옮김(2015). 『드러커의 마케팅 인사이트』. 중앙경제평론사.

Eyal, N. & Hoover, R.(2013). *Hooked: How to build habit-forming products*. 조자현 옮김(2014). 『훅: 습관을 만드는 신상품 개발 모델』. 리더스북.

Future Market Insights(2024). Lingerie market outlook from 2024 to 2034.

Hausel, H. G.(2024). *Brain view: Warum Kunden kaufen*. 구소영 옮김(2024). 『뇌, 마케팅의 비밀을 열다: 인간의 구매 행동을 유발하는 뇌과학의 비밀』. 다산북스.

Lehmann, S., et al.(2020.5.27). The future of brand strategy: It's time to go electric. McKinsey Insights.

Martin, R.(2022.6.29). A plan is not a strategy. *Harvard Business Review*.

McGuiness, W.(2011). *The strategy pyramid: Building a focused organization*. Business Expert Press.

04
브랜드 경험

AI 시대, 브랜드 경험은 지능형 경험으로 진화하고 있다. 맥락 기반의 멀티모달 인터랙션은 경험의 본질을 바꾼다. 경험은 더 긴밀히 연결되며, 평균적 경험의 단편들은 분산형 동적 경험 체계로 변화하고 있다. 이제 브랜드 경험은 사각형 모니터 속 콘텐츠가 아니라, 실시간으로 이동하며 개인화된 경험을 제공하는 유니버스로 확장될 것이다. 매일이 다른 지금, 브랜드와 브랜딩 책임자는 멈추지 않고 움직여야 한다.

AI와 사주?

브랜드 경험이란

브랜드 경험은 디자인, 아이덴티티, 패키징, 커뮤니케이션, 환경 등 브랜드 관련 자극에 의해 유발되는 소비자의 주관적이고 내적인 반응의 총체다. 캐드버리(Cadbury) 200주년 캠페인처럼 수십 년 전 광고 이미지 속의 모델이 되어 보고 어린 시절 자주 먹던 밀크바를 80세가 되어서도 같은 포장으로 만나는 순간, 또는 대형 속눈썹이 달린 기차가 마스카라가 설치된 외벽을 지나며 속눈썹이 쓸어 올려지는 듯한 장면을 연출한 메이블린의 FOOH(가짜 옥외광고)를 보며 현실로 착각했던 경험, 잭 다니엘 라벨을 앱으로 스캔해 3D 팝업북 스타일로 위스키를 경험한 순간이나 MLB 우승팀을 검색했을 때 폭죽이 터지는 구글 광고를 보며 느꼈던 신선함, 자동차 브랜드 BMW가 서점에 설치한 '새로운 새로움(Neue New)'이란 팝업스토어에서 '나에게 새로움이란?'이라는 질문을 마주한 순간이나 아디다스 로드쇼에서 프랑스의 유명 암벽 루트를 VR로 체험했던 기억처럼 이미지, 라벨, 패키지, 굿즈, 광고, 앱, OOH, 로드쇼, 가상현실 등 모든 접점에서 브랜드는 유의미한 경험을 제공할 수 있다.

브랜드 경험(Brand Experience, BX)은 제품의 사용자 경험(UX)이나 구매, 사용, 지원 과정에서의 고객 경험(CX)보다 더 포괄적인 개념이다. 제품 사용, 매장 방문, 고객 서비스, 디지털 접점, 브랜드 커뮤니케이션 등 모든 접점에서 발생하는 감정과 인상의 총체를 의미한다. 브랜드 경험은 비선형적이고 순환적이며, 소비자와 브랜드 간의 쌍방향 상호작용을 특징으로 한다.

실제 브랜딩 현장에서도 브랜드 경험 설계는 핵심 전략으로 기능한다. 제일기획 브랜드 익스피리언스 본부 디렉터로 재직 당시, 대학생을 타깃으로 한 노트북 론칭 프로젝트에서 경쟁사와의 차별화를 위해 영국디자인센터의 노트북 디자인 미학을 반영한 인터랙티브 멀티미디어 퍼포먼스와 모델 워킹을 융합한 몰입형 경험을 성수동 창고에서 구현했다. 모델들이 실제 대학생 페르소나를 체화한 채 제품을 사용하는 실제 상황을 연출했으며, Z세대가 선호하는 빠른 인터넷 속도를 부각하기 위해 KT · 인텔과 함께 기가급 초고속 인터넷을 강조한 통합 프레스 컨퍼런스를 개최했다. 한편 그림을 그리는 노트 기능을 강조하기 위해 세종문화회관의 대형 외벽에 브랜드 최초로 아티스트와 협업한 대규모 프로젝션 매핑을 선보여 관심을 끌기도 했다.

자동차 브랜드의 신차 론칭쇼와 익스클루시브 테스트 드라이브, 커피 브랜드의 시그니처 플래그십 카페 등은 브랜드 핵심 가치를 체험적으로 전달하는 주요 터치포인트로 활용했으며, 선망 브랜드로의 포지셔닝을 위해 인기 뮤지션들과 함께 브랜디드 뮤직과 뮤직 비디오를 제작하고 라이브 이벤트를 개최하기도 했다. 소비자 인게이지먼트를 높이기 위한 올림픽, 축구, F1 등 스포츠 스폰서십 활용 캠페인, 테크 리더십 구축 및 이해관계자 킨십 강화를 위한 CES나 IFA 같은 글로벌 전시회에서의 키노트, 전시와 네트워킹 이벤트 모두 통합적 브랜드 경험 전략의 일부다.

현대 사회는 경험 경제 사회다. 소비자는 더 이상 제품의 기능적 혜택만을 구매하지 않는다. 이들은 사용 이전의 기대감, 동경, 상상을 포함한 전체적인 브랜드 경험을 소비한다. 브랜드 경험은 브랜드를 소비자에게 더 쉽고 강력하게 전달하는 수단이자 감성을 충족하는 요인으로, 핵심적인 소비 경쟁력으로 작용하므로 사전 치밀하게 설계되어야 한다.

브랜드 경험은 브랜드 전략에 기반해 브랜드 퍼널(Brand Funnel)상의 고객 접점을 파악하고, 각 접점에서 고객의 니즈와 감정을 분석해 페인 포인트와 기회를 발굴해 디자인한다. 이 과정에서 고객 여정 매핑, 페르소나 설정, 접점과 MOT(Moment of Truth) 분석, 프로토타

이핑 등의 프레임워크를 활용한다. 브랜드 경험은 오감을 자극하는 감각적 경험, 브랜드와 관계를 형성하는 정서적 경험, 정보를 제공하는 인지적 경험, 고객 행동을 유발하는 행동적 경험으로 구분되며, 인지, 관심, 구매, 유지, 옹호 등 고객 생애 주기를 고려해 설계한다. 여기에는 신규 고객 유입, 기존 고객 유지, 고객의 팬 전환을 위한 경험이 포함된다.

AI 시대의 브랜드 경험

전기, 냉장 기술, 엔터테인먼트, 인터넷, 모바일과 같은 혁신 기술은 우리 일상에 스며들어 사회 기반이 되었으며, 생산성 증대, 신사업 창출, 경제 성장의 동력이 되어왔다. AI 역시 이러한 혁신 기술 중 하나로, 온디바이스 AI, 자율주행, 보안, 금융, 로봇, 헬스케어 등 다양한 산업으로 확장되고 있다. 얼마 전까지 마우스 조작, 터치와 촉각 피드백, 모션 인식, 음성 제어, 뇌파 인식이 인간과 기계간 상호작용의 매개체였다면, 이제는 자연어 기반의 멀티모달 인터랙션과 맥락 기반의 인터랙션도 새로운 매개체가 되어 브랜드 경험의 변화를 이끌고 있다.

구글과 네이버의 공고한 검색 시장 지배력이 흔들리고 있다. 챗GPT의 서치 기능 도입과 퍼플렉시티와 같은 서치 AI의 출현으로 검색 시장이 단순 키워드 매칭에서 사용자 인텐트, 즉 의도 파악으로 진화하고 있다. 검색의 초점이 '무엇을 검색했는가'에서 '왜 검색했는가'로 이동하면서, 맥락 기반의 브랜드 경험과 인텐트 마케팅의 중요성이 커지고 있다. 검색 평가 지표도 방문자 수에서 콘텐츠 인용 빈도로 변화하고 있으며, 검색엔진 최적화(SEO)를 넘어 AI 엔진 최적화(AEO)가 새로운 과제로 대두되고 있다. 이미 일부 기업은 서치 AI에서 상위 노출되기 위해 브랜드 콘텐츠와 콘텐츠 관리 시스템(CMS)을 개선하고, 매체 전략을 재조정하며, 사보 다운로드와 같은 정적 콘텐츠보다 AI가 파악한 고객의 검색 행태나 요청에 즉각 반응하는 동적 콘텐츠를 제작하기 시작했다. 과거 '다단계의 여정' 방식이었던 브랜드 경험이 AI 시대에는 'One Prompt'로 전환되어 의사 결정 과정이 간소화되고 있다(Blackshaw, 2025). 사용자들은 더 이상 여러 검색 결과를 번거롭게 비교하지 않고, 신뢰할 수 있는 단일 답변을 선호하는 '자격 증명'의 시대로 접어든 것이다.

AI 시대의 브랜드 경험은 평균적 경험을 고정된 형태로 제공하던 관행에서 벗어나야 한다. 데이터는 더 이상 의사 결정의 참고자료에 그치지 않고, 지속적으로 경험을 변화시키고 연결하며 발전시키는 핵심 동력이 되고 있다. 브랜드 경험은 엄격한 규칙보다는 가이드라인 안에서 개별 고객에게 적합한 형태로 조정되는 추세다. 이러한 브랜드 경험들은 서로 긴밀하게 연결되어, 오프라인 매장의 물리적 경험이 디지털 환경으로 확장되고, 온라인에서 축적된 고객 데이터와 AI 알고리즘이 다시 오프라인 경험을 최적화하는 선순환 구조를 만들어 내고 있다.

2010년대 중반, 브랜드 경험 디자인의 중요성이 대두되면서 WPP, 퍼블리시스, 제일기획 등 주요 대행사들이 BX 조직을 가동했듯, 지금은 AI 전문 조직을 설립하는 추세다. 2024년 기준 인터퍼블릭 그룹 산하 BX 전문사의 전체 사업 중 약 25%가 AI 요소를 포함하며, 액센츄어 송과 같은 기술 기반 크리에이티브 에이전시도 AI 기술을 적극 활용하고 있다. AI 기술의 발전으로 BX는 이제 지능형 경험(Intelligence Experience, IX)으로 그 중심이 이동하고 있다.

지능형 경험(IX)의 특징

IX의 핵심은 초개인화, 모빌리티, 대화형, 통합형, 피지털, 몰입형 경험의 구현이다. AI 시대의 초개인화 경험은 완벽한 고객 이해를 전제로 한다. AI와 데이터 분석은 고객이 남기는 모든 '옴니채널 풋프린트(Omnichannel Footprint)'를 실시간으로 분석해 고객별로 최적의 경험을 설계하는 것을 목표로 한다. 이를 개인의 브랜드 유니버스(Brand Universe) 구현이라고도 부르는데, 이는 아직 초기 단계지만 스위스 하이엔드 워치 메이커인 위블로(Hublot)가 다양한 방식으로 시도하고 있다. 위블로는 AI 프로토타입 기반 맞춤형 경험과 AI 디자인 프로세스, AI를 활용한 생산 자동화를 추구하고 있다. 디지털 트윈 기술로 구현한 '유니코 익스피리언스(Unico Experience)'는 고객과 스위스 제작자 간의 실시간 소통 경험을 가능하게 했고, 위블로의 공식 웹사이트에 적용된 맥락 기반 AI 추천 시스템은 '남편의 50번째 생일 선물'과 같은 고객의 문의에 맞춰 페이지가 최적화되어 제품과 콘텐츠를 제시한다.

모빌리티(Mobility)는 IX의 또 다른 핵심이다. AI 스마트 안경, 자율주행차, 도심형 항공 모빌리티 등 콘텍스트 인식 AI 에이전트의 발전으로 이동 중에도 끊김 없는 브랜드 경험이 가능해졌다. 이동 수단이 브랜드 경험의 공간으로 변모하고 있다. AI 스마트워치, 스마트 반지, 스마트 의류, 그리고 이어러블 기기들도 AI 에이전트로 진화할 것으로 예측되고 있어, 모바일 화면에 국한되었던 브랜드 경험이 물리적 환경 전체로 확장될 것이다.

대화형 브랜드 경험도 IX의 핵심 특징이다. 신한은행의 '쏠리', SKT의 '에이닷', 롯데백화점의 '로사' 등 브랜드별 AI 챗봇이 보편화되고 있으며, 아마존 알렉사, 구글 어시스턴트와 같은 AI 비서는 대화를 통한 일상 지원을 넘어 행동 수준까지 진화하고 있다. 많은 기업이 자사 플랫폼에 이미 대화형 AI를 도입했거나 도입을 추진 중이며, 향후 AI 기반 '커스터봇(Customer Bot)'이 구매 결정을 대행하는 시대가 곧 올 것으로 전망되기도 한다. 실시간 인터랙션이 브랜드 경험에서 일상이 되면서, 고객이 특정 순간에 원하는 정보를 즉각 제공하는 마이크로 모먼트(Micro-Moment)의 질적 향상이 중요해지고 있다. 향후 고객이 원하는 시점과 방식으로 대화형 경험을 제공하는 것이 브랜드의 핵심 경쟁력이 될 것이다.

온 · 오프라인, 탐색 · 구매, ATL · BTL 등의 경계가 허물어지면서 통합형 경험 디자인의 중요성이 커지고 있다. 현대인들은 디지털 공간에서 주로 브랜드를 경험하지만, SNS 콘텐츠 제작과 몰입형 경험을 위해 물리적 공간을 여전히 중요하게 여기며, 오히려 더욱 찾고 있다. 루이비통이 뉴욕 중심부에 트렁크 형태의 대형 플래그십스토어를 선보이고, 넷플릭스가 테마파크형 '넷플릭스 하우스'를 여는 것도 이러한 맥락이다. 틱톡 숍과 네이버 쇼핑라이브 같은 소셜 · 라이브 커머스는 탐색과 구매의 경계를 허물고, AI 기반 개인화 광고의 통합 집행은 ATL · BTL의 구분을 없애고 있다. BMW는 3D 그래픽과 증강현실을 활용해 앞 유리 전체를 헤드업 디스플레이로 만들고, H&M은 디지털 아바타, AI 플래노그램, 스마트 미러, 가상피팅룸, IoT 기술로 수요 예측부터 매장 운영까지 혁신하고 있다. AI 시대의 브랜드 경험은 현실 · 가상 · 증강현실을 자유롭게 넘나들며 통합될 것이다.

몰입형 경험을 통해 고객을 브랜드 세계관으로 이끄는 시도도 확산되고 있다. 젠틀몬스터는 리테일 매장을 판매 공간에서 예술 갤러리이자 브랜드 경험 채널로 혁신하고 있다. 시즌별로 변화하는 인터랙티브 아트워크와 공간 사운드스케이프, 전략적 조명으로 초현실적 브랜드 경험을 구현하며, '양자역학과 다차원' 같은 독특한 테마와 정기적인 전시 교체로 지속적인 신선함을 제공한다. 이는 필립 코틀러가 저서 『마켓 6.0』에서 제시한 몰입형 고객 경험 개념과 맥락을 같이한다. 고객이 브랜드와 직접적인 상호작용을 하고, 한껏 몰입할 수 있는 환경을 조성할 때, 브랜드는 단순한 제품 판매를 넘어 감각적, 정서적, 철학적 차원에서 고객과 깊이 연결될 수 있다.

브랜드 경험의 미래

AI 시대에 성공하는 브랜드의 핵심은 혁신과 진정성의 조화, 그리고 공감을 이끄는 개인화 경험이다(Forbes Business Council, 2024). AI가 끊임없이 새로움을 답으로 내놓는 환경에서 '최초'의 기술보다 '고유'하고 '적절'한 감성이 더 중요한 경쟁력이 될 것이다. 이는 아르누보에서 바우하우스로, 모더니즘에서 포스트모더니즘으로, 미니멀리즘에서 아르데코로 이어진 예술 사조의 변천처럼 혁신과 회귀가 반복되는 순환적 발전 과정과도 닮아 있다. AI 기술 확산으로 오히려 인간 중심의 감성적 경험 수요가 증가하고 있으며, 기업은 향후 AI의 효율성과 인간의 감성이 조화를 이루는 브랜드 경험을 제시해야 할 것이다. 첫 신용카드 발급의 설렘, 오직 나를 위한 콘서트홀의 웅장한 음향이 주는 전율, 빗소리가 들리는 카페에서의 여유로운 대화와 같은 감성적 경험이 차별화 요소가 될 수 있다. AI는 이러한 감성적 경험을 증폭하고, 개인의 맥락에 맞는 몰입형 경험을 설계하는 데 적극적으로 활용될 것이다.

참고문헌

김찬숙(2014). 브랜드 경험(BX)에 대한 개념적 고찰. ≪브랜드디자인학연구≫, 12(3), 121-130.

삼일PWC경영연구원(2024). 『생성형AI를 활용한 비즈니스의 현주소』. PWC 삼일회계법인.

안혜진 외(2024). 팝업스토어 브랜드 마케팅의 엔터테인먼트성 분석: 경험적 가치, 관계품질, 행동의도 간 관계를 중심으로. ≪한국엔터테인먼트산업학회 춘계학술대회 논문집≫, 1-11.

이진용(2003). 브랜드 경험에 대한 개념적 고찰과 실무적 시사점. ≪소비자학연구≫, 14(2), 215-242.

최원석(2024). 『결국, 오프라인』. 디자인하우스.

Bassett, A.(2025.1.8). BMW's new iDrive turns the whole windshield into a heads-up display. *The Verge*.

Blackshaw, P.(2025). How is AI fundamentally changing the shopper experience? [Conference presentation]. Generative AI World Conference, LinkedIn.

Brakus, J. J., et al.(2009). Brand experience: What is it? How is it measured? Does it affect loyalty? *Journal of Marketing, 73*(3), 52-68.

Brunson, R.(2023). *Brand designer*. 홍경탁 옮김(2023). 『브랜드 설계자: 구매 전환율을 높이는 19가지 브랜딩 과학』. 윌북.

Cohen, D.(2024.9.26). AI Helps Boost Accenture Song to 30% of Accenture's Revenue. *Adweek*.

Digital Defynd(2024). H&M using AI: A case study. https://www.creativereview.co.uk/faux-ooh-fake-advertising/

Exorigo-Upos(2024). Custobots are coming: Is retail and marketing about to undergo a revolution?

Forbes Business Council(2024.11.13). Digital marketing trends for 2025 and beyond. *Forbes.*

Gartner(2023.10.16). Gartner identifies the top 10 strategic technology trends for 2024 [Press release].

Hublot(2024.2.14). Hublot unveils a unique immersive experience [Press release]. PR Newswire.

Huge Inc.(2024.1). Huge unveils next wave of intelligent experience [Video].

Joseph, M.(2020). *The Airbnb way: Design the brand experience.* 김영정 옮김(2020). 『에어비엔비, 브랜드 경험을 디자인하다』. 유엑스리뷰.

Kotler, P., et al.(2024). *Marketing 6.0.* 방영호 옮김(2024). 『필립 코틀러 마켓 6.0』. 더퀘스트.

O'Callaghan, J.(2024). Hublot just used AI to design its watches. *Esquire UK.*

Sherry, B.(2024.6.21). Why Netflix is opening theme parks in malls. *Inc.*

05
브랜드 콘텐츠

브랜드는 콘텐츠로 고객과 소통한다. AI는 프롬프트 하나로 인간을 뛰어넘는 수준의 콘텐츠를 생성하며, 즉시 각 채널에 최적화해 배포한다. 수천 개의 댓글과 데이터는 실시간으로 유의미한 인사이트가 되고, 고객은 맞춤형 추천으로 의사 결정이 빨라진다. 콘텐츠 책임자는 제작자를 넘어, 브랜드 콘텐츠 생태계를 조율하는 관리자가 되어야 한다.

AI와 아이돌?

브랜드 콘텐츠란

브랜드 콘텐츠는 브랜드의 가치와 철학을 담아내는 모든 형태의 창작물로서, 직접적인 브랜드 노출 여부와 관계없이 광범위하게 정의된다. 브랜드는 콘텐츠로 고객과 소통한다. 전통적인 마케팅 메시지나 제품 광고뿐 아니라 내셔널 지오그래픽의 사진, 구찌 프로스페티브(Prospettive) 출판 프로젝트, SK AI 서밋이나 삼성 갤럭시 언팩과 같은 이벤트까지 포괄한다. 아마존 CEO 제프 베이조스는 "브랜드는 당신이 없는 자리에서 다른 사람들이 당신에 대해 이야기하는 것"이라고 말했다. 고객이 경험한 후 이야기하고 나눌 수 있는 소재가 바로 콘텐츠인 것이다.

브랜드 콘텐츠의 역사는 19세기 말로 거슬러 올라간다. 1895년 중장비 제조기업 디어앤컴퍼니(Deere & Company)가 발행한 농업 매거진 '퍼로(The Furrow)'와 1900년 미슐랭 타이어의 '미슐랭 가이드'를 통해 인쇄 콘텐츠의 시대가 열렸다. TV의 등장은 시각적 콘텐츠를 발전시켰고, 1989년 월드와이드웹의 개발과 함께 디지털 시대가 열렸다. 1991년 유럽입자물리연구소(CERN, European Organization for Nuclear Research)가 세계 최초의 웹사이트를 개설하면서 웹 기반 정보 공유가 본격화되었다. 이후 1993년, 상업용 웹사이트가 등장하기 시작했으며, 기업들은 점차 웹을 브랜드 콘텐츠의 핵심 공유 공간으로 활용하게 되었다. 2000년대 초반까지 웹 기반 콘텐츠는 높은 트래픽 혜택을 누렸으나, 이후 디지털 커뮤니케이션이 보편화되면서 무한 경쟁이 시작되었다. 검색 노출 경쟁이 치열해졌고, 마이스페이스(MySpace)부터 틱톡(TikTok)까지 이어지는 소셜미디어의 진화는 콘텐츠의 범람과 매체별 사용자 분화 현상을 초래했다. 이로 인해 노출이 잘 되는 매력적인 콘텐츠 제작과 채널별 최적화된 콘텐츠 전략의 중요성이 강조되면서, 기업들은 콘텐츠 마케팅 조직을 구성하기 시작했다.

현대 브랜드 콘텐츠의 종류와 형태는 매우 다양하다. LG유플러스의 AI 생성 TV 광고 외에도 현대자동차가 배우 손석구와 함께 제작한 단편영화 〈밤낚시〉부터 레드불TV에 게시된 익스트림 스포츠 영상, X와 인스타그램 스레드에 적은 한두 문장의 메모, 틱톡의 숏폼 챌린지 영상, 전자책, 팟캐스트도 모두 브랜드 콘텐츠다. 맥심 플랜트에 놓여 있는 원두 스토리 보드나 메종 에르메스 도산파크 카페마당의 디저트 플레이트도, 2025 CES에서 공개된 삼성의 홀로 디스플레이 콘텐츠나 주주총회에서 발표한 실적 보고서 또한 브랜드 콘텐츠로 볼 수 있다.

브랜드 콘텐츠의 골든 룰

잘 만들어진 콘텐츠는 브랜드의 운명도 바꾼다. 1억 뷰가 넘는 킬러 콘텐츠는 브랜드를 강렬하게 각인시켜 단번에 성장시키는 힘이 있다. 이러한 파급력을 가진 브랜드 콘텐츠 제작에는 골든 룰이 존재한다. 그 첫째는 브랜드의 경쟁력을 단순하고 명확하게 전달하는 것이다. 이는 "광고는 오락이나 예술이 아니라 정보 전달 매체다. 광고의 기능은 판매다"라는 광고의 거장 데이비드 오길비(David Ogilvy)의 통찰과도 맥을 같이한다. 구글이 25주년을 맞아 선보인 '가장 많이 검색된(The Most Searched)' 영상은 이러한 원칙을 잘 보여 준다. "25년 전에 인류는 검색을 하기 시작했다"는 카피로 시작해 BTS부터 테일러 스위프트까지 가장 많이 검색된 노래, 가수, 스포츠 등을 망라하며 검색엔진 시장 1위 기업으로서의 위상을 효과적으로 전달했고, 1억 뷰 이상의 반향을 이끌어 냈다. 경쟁사와의 차별점을 강력하게 전달해 주목받은 사례로는 애플의 1984년 광고가 있다. "왜 1984년은 1984년과 같지 않을 것인가"라는 도전적 메시지와 전체주의를 상징하는 빅브라더의 연설을 망치로 부수는 여성 영웅의 모습을 통해, IBM이 지배하던 획일화된 컴퓨터 시장에 대한 도전을 극적으로 표현했다.

브랜드 콘텐츠의 둘째 요건은 목표 청중에게 매력적이어야 한다는 것이다. 명확한 타기팅은 청중과 브랜드를 긴밀하면서도 빠르게 연결한다. 레드불의 '폴 씨, 마지막 안내방송(Last Call for Mr. Paul)' 광고는 액티브한 라이프스타일을 추구하는 레드불 고객이 좋아할 프리러닝 선수 제이슨 폴(Jason Paul)이 도시 건물 옥상을 넘나들며 도시를 놀이터로 만드는 영상으로 1억 뷰 이상을 달성했다.

마지막으로 브랜드 콘텐츠 성공의 핵심은 사용자가 함께 만들어 가는 참여형 콘텐츠다. '#GoPro'라고 해시태그한 고프로 사용자의 영상들을 모아 편집한 고프로의 공식 영상 콘텐츠나 넷플릭스의 '블랙 미러: 밴더스내치(Black Mirror: Bandersnatch)'처럼 시청자가 직접 스토리 전개를 선택하는 인터랙티브 콘텐츠, 하이네켄의 '드롭드(Dropped)' 캠페인처럼 일반인이 낯선 환경 속 도전에 참여하며 그 과정을 브랜드 스토리로 만들어 가는 실험적 콘텐츠는 브랜드 인게이지먼트와 로열티, 브랜드 경험의 깊이를 한층 더 높이는 효과가 있다.

AI 시대의 브랜드 콘텐츠

브랜드 콘텐츠 분야는 생성형 AI가 가장 큰 영향을 미치고 있는 분야다. 콘텐츠 기획 단계에서 브레인스토밍부터 콘텐츠 요약, 최적화, SNS 게시물 작성, 페르소나 생성, 콘텐츠 재활용까지 활용 범위가 광범위하다(Content Marketing Institute, 2024). 특히 AI 기술은 과거에는 불가능했던 콘텐츠 제작을 현실로 만들기도 한다. 소상공인들이 자신의 가게 광고에 톱스타가 출연한 것처럼 AI로 음성과 영상을 편집한 캐드버리의 '샤룩 칸 마이 애드(Shah Rukh Khan My Ad)' 캠페인이나, 희귀병으로 목소리를 잃어 가는 엄마가 AI 음성으로 딸과 소통할 수 있게 한 제일기획의 '보이스 포에버(Voice Forever)' 캠페인이 대표적인 사례다.

비용 절감 효과도 주목할 만하다. 자동차 시네마틱 광고 제작의 경우, 이전에는 수십 명의 인력과 수억 원에서 수십억 원에 이르는 해외 로케이션 비용이 필요했지만, 이제는 월 구독료 수만 원대의 AI 도구로 유사한 퀄리티를 구현할 수 있다. 실제로 '쿠쿠 얼음정수기' 광고처럼 고가의 배경 세트를 AI로 대체해 제작비를 크게 절감한 사례들이 점차 늘고 있다.

"몇 개월 걸리던 제안서가 일주일 만에 완성되었다", "일주일 걸리던 시안 작업이 한 시간으로 단축되었다"는 현장 중심의 증언들이 잇따르고 있다. AI만으로는 여전히 완성도 높은 콘텐츠 제작에 한계가 있지만, 기술의 발전 속도는 가파르며, 특히 빠르게 소비되는 디지털 '패스트 콘텐츠(Fast Content)' 제작에서는 AI의 활용 가치가 크다는 것이 업계의 중론이다. 선도적 크리에이터들은 자신만의 프롬프트 최적화 노하우를 치팅 시트 형태로 공유하며, 효율적인 AI 도구 조합과 워크플로를 구축해 콘텐츠 생산성을 높이고 있다.

새로운 AI 도구들이 쏟아지는 가운데, 각 도구는 각종 조사기관, 미디어, 전문가들에 의해 자율도, 안정성, 생성 속도, 호환성 등 세부 사용자 편익별로 실시간 평가되고 있다. 전문 디자이너들은 스테이블 디퓨전, 어도비 파이어플라이, 미드저니와 같은 AI 기반의 크리에이티브 도구를 활용하는 한편, 일반 사용자는 캔바, 이디오그램 같은 직관적이고 쉬운 디자인 툴을 선호하기도 한다. 또한 다양한 도구를 시도하고, 원하는 기능별로 가장 우수한 AI 도구들을 조합해 활용하는 방식이 점차 일반화되고 있다. 이미지 생성 분야에서는 미드저니, 달리, 영상 제작에서는 소라, 런웨이, 음성 더빙에는 일레븐랩스, 타입캐스트, 텍스트 생성에는 클로드, 챗GPT, 프레젠테이션과 웹사이트 제작에는 감마, 요약 및 콘텐츠 정리에는 릴리스AI처럼 각 영역별로 특화된 AI 도구들이 치열하게 경쟁 중이며, 콘텐츠 생성을 넘어 채널별 최적화, 자동 배포, 성과 분석까지 AI 지원 범위가 확대되고 있다.

또한 AI 에이전트의 상용화와 함께 브랜드 콘텐츠의 주체가 인간을 넘어 비인간적 요소로 확장되고 있다. 인플루언서 킴 카다시안(Kim Kardashian)이 테슬라의 사이버캡과 옵티머스 로봇과 함께 선보인 SNS 콘텐츠가 대표적 사례다. AI 아바타(AI avatar)도 브랜딩의 새로운 축으로 부상했다. 가상 인플루언서 릴 미켈라(Lil Miquela)는 프라다, 캘빈클라인 등 브랜드와 협업을 이어 가고 있으며, 브라질 소매업체 매거진 루이자(Magazine Luiza)의 가상 인플루언서 루 두 마갈루(Lu do Magalu)는 제품 소개부터 브랜드 커뮤니케이션까지 SNS 전반을 책임지고 있다. 펄스나인의 '이터니티(Eternity)'와 블래스트의 '플레이브(PLAVE)', 하이브의 '신디에잇(SYNDI8)' 등과 같은 버추얼 아이돌(Virtual Idol)은 브랜드 콘텐츠의 새로운 가능성을 보여 주고 있다.

경영 컨설팅사 골드만삭스는 크리에이터 이코노미(Creator Economy)가 2027년까지 4,800억 달러(약 632조 원)에 달할 것으로 전망했다. 이 시장에서 AI 크리에이터의 약진도 두드러진다. 메타, 구글, 애플과 협업하는 카렌 X. 첑(Karen X. Cheng)과 〈기계 환각(Machine Hallucinations)〉으로 주목받은 미디어 아티스트 레픽 아나돌(Refik Anadol)이 대표적 인물이다. 제임스 거드(James Gerde)와 같은 AI 전문 아티스트들도 브랜드 콘텐츠 제작에 참여하고 있으며, AI 패션 크리에이터(@str4ngething)의 AI 생성 이미지가 패션 매거진에 게재되고, 중노년층의 독특한 세계관을 구축한 'Auntieverse'(@niceaunties)는 AI 콘텐츠의 새로운 방향을 제시한다.

브랜드 콘텐츠의 미래

오늘날 브랜드 콘텐츠는 더 이상 경쟁사의 콘텐츠와만 경쟁하지 않는다. 소셜미디어의 정보 흐름, 즉 소셜 스트림 전체와 경쟁하는 시대다. AI는 이러한 경쟁에서 우위를 점하기 위한 필수 도구다. AI는 콘텐츠 생성은 물론 실시간 퍼포먼스 분석, 데이터 기반 최적화, 멀티 포맷 제작까지 가능하게 한다. 이로 인해 아이디어 도출과 의사 결정 과정이 간소화되고, 콘텐츠의 개인화는 더욱 정교해질 것이다. 콘텐츠 패키지는 동적으로 설계되어 실시간 조정되며, 변화하는 소비자 트렌드에 신속하게 대응하는 유연성을 갖추게 될 것이다.

이러한 기술 진화 속에서 콘텐츠 여정 설계는 그 어느

때보다 중요해졌다. 스토리의 배열, 절정과 반전, 콘텐츠의 지속성, 매체별 맞춤화 등은 콘텐츠가 일회성으로 소모되지 않고 브랜드와 소비자 간의 긴밀한 관계를 형성하는 데 필수적이다. 플래그십 스토어 장기 활성화 전략이나 연간 캠페인 전략을 세우듯 콘텐츠 여정도 장기적 관점에서 구조화된 전략 설계가 요구되는 시대다.

주목할 점은, 칸 국제 광고제, 클리오 어워드와 같은 광고제에 AI 활용 광고가 다뤄지고, 베니스 영화제는 AI 작품을 이미 초청했으며, 두바이, 부산 국제 AI 영화제와 같은 AI 전문 영화제도 등장하고 있다는 사실이다. 이러한 흐름은 기업으로도 확산되어, AI 영상 공유 플랫폼 캐럿, BMW 등 많은 브랜드가 AI 콘텐츠 공모전이나 새로운 형태의 협업을 활발히 시도하고 있다. 생성형 AI '그록(Grok)'을 이끌고 있는 일론 머스크는, 2024년 칸 국제광고제에서 "AI는 창의적이고 독창적이다"라고 언급하며, AI가 단순한 도구를 넘어 창의의 주체로 작동할 수 있음을 시사했다.

이와 동시에, AI가 생성하는 콘텐츠가 많아질수록 인간의 창의성에 대한 기대 또한 높아지고 있다. AI는 창작 과정의 속도를 높이고 영감의 원천이 될 수 있지만, '루이비통 도자기', '현대적 인도 패션', '강아지가 운전하는 자동차'와 같은 독창적인 키워드 조합이 감동으로 이어지기 위해서는 맥락과 의도, 감정의 서사를 부여하는 인간의 창조적 개입이 필수적이다. 결국 AI 시대의 킬러 콘텐츠는 단순한 기술 도입이나 대량 생성에 있지 않고, 인간적인 연결과 정서적 울림을 창출하면서 AI와 조화롭게 협업하는 과정에서 탄생한다.

참고문헌

티타임즈TV(2023.11.19). 생성AI는 브랜딩과 마케팅의 고객경험을 어떻게 바꿀 것인가?(최인철 커니 디지털그룹 파트너). YouTube. https://www.youtube.com/watch?v=z2yxS9YZtb4

KOCCA(2023.6.30). 세계 엔터테인먼트&미디어 시장의 현재와 미래. KOCCA FOCUS. https://www.kocca.kr/n_content_news/vol53/02.html

Cheng, K. X.(2024.9.20). How Creatives Can Win With AI – AI Session with Karen X Cheng [Webinar]. Superside.

Content Marketing Institute(2024). Content marketing salary outlook.

Creative Boom(2024). Special report: How design agencies are using AI in 2024.

Dunbar, N. M.(2024). *Content strategist: UX-based content strategy from the world's largest companies*. 김유리 옮김(2024). 『콘텐츠 전략가: 세계 최대 기업의 UX 기반 콘텐츠 전략』. 유엑스리뷰.

Goldman Sachs(2024). The creator economy could approach half

a trillion dollars by 2027.
https://www.goldmansachs.com/insights/articles/the-creator-economy-could-approach-half-a-trillion-dollars-by-2027

Helio(2024.6.19). Elon Musk's Full Interview at Cannes Lions 2024: AI, Creativity, and the Future of X. YouTube.
https://www.youtube.com/watch?v=84Q4dyK_urU

Louisiana Channel(2023.11.15). AI Is an Extension of My Mind | Artist Refik Anadol. YouTube.
https://www.youtube.com/watch?v=S-39QKRNESc

Neuralink's brain-AI interface(2024). Inc. Magazine.

Ogilvy, D.(2023). *Ogilvy on advertising*. Headline Welbeck Non-Fiction.

PR Newswire(2013.8.6). Welcome to Dropped: Heineken's Social Experiment Where Only Legendary Travelers Need Apply.
https://www.prnewswire.com/news-releases/welcome-to-dropped-heinekens-social-experiment-where-only-legendary-travelers-need-apply-209945331.html

VML(2024). Cannes Lions 2024: Trends and takeaways.

Wired(2011). In conversation with Jeff Bezos: CEO of the internet.

06

브랜드 관계

브랜드의 가치는 관계 속에서 형성된다. AI 시대에는 인간 간의 관계를 넘어 AI-인간, AI-AI 관계라는 새로운 관계 양식이 출현한다. 브랜드는 이제 가족이나 친구처럼 친밀한 동반자가 될 수도, 무인 상점처럼 기계적인 관계, 혹은 비서나 직원처럼 업무적인 관계가 될 수도 있다. 당신의 브랜드는 어떤 관계를 지향할 것인가? 이 근본적인 질문에 대한 답을 재정의해야 할 때다.

AI와 야구?

브랜드 관계란

'커넥트(Connect)'는 브랜딩의 본질이다. 브랜드는 의미 있는 연결과 상호작용을 형성하기 위해 브랜딩을 한다. 브랜드의 가치는 브랜드와 고객 간의 관계에서 형성된다(Fournier, 1998). 브랜드 관계는 단순한 거래 관계를 넘어 정서적, 사회적 연결까지 포함한다. 이해관계자 이론을 주창한 버지니아 대학의 에드워드 프리먼(Edward Freeman) 교수는 이해관계자를 고객, 주주, 정부기관, 미디어, 파트너사, 인플루언서, 커뮤니티, NGO, 임직원 등 브랜드와 직간접적으로 관계를 맺는 모든 조직과 개인으로 정의했다. 브랜드는 브랜드 자산가치를 증대시키기 위해 고객뿐 아니라 이러한 모든 이해관계자와의 관계를 관리해야 한다. 이들과의 관계는 다층적이고 유기적으로 연결되어 있으며, 이러한 관계의 질은 브랜드의 현재 가치와 미래 성장 잠재력 모두를 결정짓는 요소다.

AI 시대, 브랜드 관계는 브랜딩 성패를 가르는 결정적 난제다. AI 기술은 이해관계자와의 관계를 신경망처럼 정밀하게 분석하고 자동화할 수 있지만, 인간적 접점이 희소해질수록 관계의 정서적 가치와 깊이 역시 중요해지고 있다.

브랜딩 전문가는 전통적인 이해관계자뿐 아니라 AI

기술로 인해 새롭게 등장한 이해관계자까지 포함해 전체 맥락을 파악하고, 이를 기반으로 체계적인 이해관계자 맵을 구축해야 한다. 각 이해관계자별 특성에 맞는 맞춤형 관계 전략이 요구되며, 이를 위해서는 AI를 포함한 혁신 기술 전반에 대한 깊은 이해와 발전 흐름을 예측하는 테크 리터러시가 필수다. 결국 브랜드 관계 전략은 현재의 관계를 강화하면서도 미래의 관계를 동시에 예측하고 준비해야 하며, 이러한 관계 관리 역량은 AI 시대 브랜딩 전문가가 갖춰야 할 필수 자질이 될 것이다.

거래에서 팬덤으로

브랜드와 고객의 관계는 20세기 초부터 강조되어 왔다. 미국 유통업의 선구자 해리 셀프리지(Harry Selfridge)의 '고객은 항상 옳다'라는 철학에서 시작해, 피터 드러커(Peter Drucker)의 고객 창출 중심 경영 이론, 그리고 레너드 베리(Leonard Berry)의 관계 마케팅 이론으로 이어졌다. 디지털 혁신은 이 관계를 더욱 정교하고 전문적인 영역으로 발전시켰다. 단순히 전화로 응대하던 고객서비스(CS)는 고객관계관리(CRM) 시스템으로 고도화되었으며, 소셜미디어의 등장은 고객과의 실시간 소통을 일상화시키고 브랜드와 고객 간 상호작용을 더욱 활발하게 만들었다.

제프 베이조스가 이끄는 아마존의 '지구상에서 가장 고객 중심적인 기업'이라는 비전은 디지털 시대 고객 관계의 새로운 기준이 되었다. 동질적 소비자 간 자발적 추천과 영향력을 의미하는 '피어 마케팅(Peer Marketing)' 개념이 등장했고, 입소문 마케팅, 소셜 프루프 이론, 디지털 인플루언서 연구도 활발히 이루어졌다. 이제 AI, 빅데이터, IoT 등의 기술이 발전하면서, 세계경제포럼(WEF)의 클라우스 슈바프(Klaus Schwab) 회장이 지적했듯, 고객은 단순한 소비자에서 브랜드의 공동 창작자로 변모하고 있다. 진정성 있는 사용자 리뷰, 실제 경험 공유, 소비자 제작 콘텐츠는 브랜드 성장의 핵심 동력이 되었다.

이러한 변화에 대응해서 기업들은 고객을 브랜드의 공동 창작자이자 충성도 높은 팬(fan)으로 전환하기 위한 방안을 찾기 시작했다. 2010년대 후반 삼성전자가 고객을 팬으로 정의하고 신제품 출시 시 팬 파티를 개최한 사례처럼, 많은 기업들이 고객과 친밀한 커뮤니티를 형성하는 데 주력했다. 엔터테인먼트 업계는 SM의 버블(Bubble), 하이브의 위버스(Weverse) 등 팬 커뮤니티 플랫폼, 팬 메신저 등을 활성화했고, 브랜드 커뮤니티의 선구자 격인 할리 데이비슨의 '호그(HOG)'와 같은 커뮤니티뿐 아니라 빠르게 성장하고 있는 뷰티 브랜드 퓌(Fwee)의 '퓌 걸(Fwee Girl)'이나 드라이브 스루 커피체인 더치 브로스(Dutch Bros)의 '더치 마피아(Dutch Mafia)'처럼 고객을 브랜드화해 커뮤니티의 결속력을 강화하는 기업도 늘고 있다. 퍼스널 브랜딩이 중요한 디지털 크리에이터들의 팬 브랜딩도 주목할 만하다. 스웨덴의 펠릭스 셸베리(Felix Kjellberg)가 이끄는 퓨디파이(PewDiePie)의 '브로스(Bros)', 국내 침착맨의 '침투부' 등이 그 사례다.

AI 시대의 브랜드 관계

브랜드 성장을 위해서는 여전히 전략적 팬층의 선정과 육성이 핵심이다. 브랜딩 전문가는 어떤 그룹이 브랜드 가치를 높일 수 있는 잠재적 팬층인지 신중히 분석하고 결정해야 한다. 이상적인 핵심 팬층은 제품과 서비스를 일상적으로 사용하며, 자발적으로 브랜드에 대한 긍정적 경험을 공유하고, 스토리 확산에 기여하는 브랜드 앰배서더의 역할을 수행한다. 골드만삭스의 조사에 따르면, 2024년 기준 전 세계적으로 5천만 명 이상의 인플루언서가 활동 중이다. 또한 소셜미디어 분석 플랫폼 스프라우트 소셜(Sprout Social)은 Z세대 소비자의 87%가 인플루언서와 협업하는 브랜드에 대해 더 높은 구매 의향을 보인다고 보고했다. 특히 버추얼 유튜버(VTuber)의 확산과 함께 나노·마이크로 인플루언서는 물론 가상 아바타까지 팬덤 마케팅의 주요 주체로 부상하고 있다. 이들은 모두 브랜드의 확장성과 충성도 제고에 기여할 수 있는 잠재적 팬층이다. 패션 브랜드 쉬인은 이러한 인플루언서를 전략적으로 활용해 젊은 여성 소비자와의 관계를 강화했고, 이들이 자발적으로 참여한 'SHEIN Haul' 챌린지가 바이럴 콘텐츠로 확산되면서 브랜드 인지도와 매출이 동반 상승했다. 스탠리 역시 틱톡에서 형성된 '스탠리 걸스' 커뮤니티를 통해 10대 여학생들 사이에서 필수 아이템으로 자리 잡았다. 차량 화재 속에서도 얼음을 보존한 텀블러 사례를 비롯해 리뷰, 언박싱, 스타일링 콘텐츠를 자발적으로 제작하고 확산시킨 스탠리 팬들이 브랜드의 고속 성장을 견인했다.

브랜드의 진정한 확산은 내부로부터 시작된다. 직원을 브랜드의 첫 번째 팬으로 만들어야 한다. 글로벌 PR 컨설팅사 에델만의 CEO 리처드 에델만(Richard Edelman)은 "고객을 설득하기 전에 직원들의 공감과 지지를 얻어야 한다"고 강조했다. 실제로 고객 로열티가 높은 브랜드의 직원들은 일관되게 높은 자부심과 로열티를 보인다. 브랜드와 직원 간의 관계는 단순한 사내 커뮤니케이션을 넘어 기업 철학과 정체성을 체화하는 기반이 된다. 애플의 '지니어스(Genius)', 리츠칼튼의 '레이디스 앤 젠틀맨(Ladies and Gentlemen)', 치폴레의 '크루(Crew)'처럼, 직원 호칭도 브랜드 아이덴티티를 일관되게 확산하는 출발점이 된다. 전 세계 7만여 명에 이르는 삼성전자 프론트라인 세일즈 인력의 자부심과 로열티 제고를 위한 전략적 인게이지먼트 강화 프로젝트를 대행한 경험이 있다. 이 프로젝트에서 핵심 과업은 현장 세일즈 인력을 단순한 판매원이 아닌 '갤럭시 스타'로 리포지셔닝해 자부심과 로열티를 높이는 것이었다. 이와 함께 삼성의 글로벌 성장이 이들의 노력에 기인함을 치하하고 브랜드 스토리의 주인공으로 격상시키는 '삼성 갤럭시 페스타'라는 글로벌 사내 이벤트도 삼성 직원들과 함께 준비해 긍정적인 ROI를 창출했다.

이러한 사내 브랜딩 활동은 특히 기업이 대규모의 조직 변화를 겪을 때 전략적으로 고려된다. 벤치마킹을 위해 뉴욕 부티크 스타일의 크리에이티브 에이전시들을 방문했을 때, 윌리스 타워스 왓슨(Willis Towers Watson)이라는 조직 변화관리 전문 에이전시의 접근법이 인상적이었다. M&A, 리브랜딩, IPO 등 조직의 전환기에 조직문화 재편 및 단합을 위한 내부 커뮤니케이션 캠페인을 통합적으로 설계하는 방식이 주목할 만했다. 임직원 브랜딩, 인재 유치 및 유지, 임직원 로열티 제고, 조직 문화 혁신 등은 이제 브랜딩 산업의 또 하나의 서비스 영역(Scope Of Work)으로 자리잡고 있다.

임직원 브랜딩 역시 중요하다. 보잉의 '랜디스 저널(Randy's Journal)'은 기업 내부 구성원이 주도하는 소셜 콘텐츠의 선구적 사례로, 이후 구글, 테슬라, 메타 등 주요 기업 경영진이 개인 SNS 채널을 통해 브랜드 철학과 가치를 직접 전달하는 방향으로 확장되고 있다. 일부 글로벌 기업들은 브랜드 대변인(spokesperson) 역할을 담당하는 임직원들의 미디어 트레이닝과 메시지 매니지먼트도 전략적으로 실시한다. AI 시대에는 상담봇, 쇼핑봇, 온보딩봇 등 자동화된 브랜드 접점이 증가하면서, 이들의 네이밍과 포지셔닝 또한 사내 브랜딩의 한 영역으로 떠오르고 있다.

브랜드의 주요 이해관계자인 미디어, 인플루언서, 주주, 지역사회 역시 빠르게 변화하고 있으며, 이에 대한 주의 깊은 대응이 필요하다. 워싱턴포스트, AP통신, 블룸버그 등 주요 글로벌 미디어가 AI 기반 뉴스 생성 서비스를 도입했고, 최근에는 AI가 기업 실적이나 이벤트 관련 보도자료를 작성하고 자동으로 배포하는 전문 서비스도 등장했다. AI 기술 관련 뉴스는 기업의 시가 총액에 즉각적인 영향을 미치기도 하며, 이에 따라 개인 투자자를 포함한 다양한 이해관계자를 대상으로 한 IR 커뮤니케이션의 중요성 또한 강조되고 있다. 한편 인간 인플루언서를 넘어서는 영향력을 가진 AI 인플루언서들이 등장하면서, 이들과의 협업 여부 역시 구체적 검토 대상이 되고 있다.

정부 관계를 다루는 퍼블릭 어페어즈(Public Affairs)의 중요성도 날로 증가하고 있다. AI 관련 정부 규제가 강화되는 동시에 다양한 지원 프로그램도 증가하고 있다. 미중 갈등 속에서 AI 관련 정부 정책이 기업의 자산 가치를 좌우할 수 있다. NGO와 시민단체들도 AI 관련 윤리 이슈를 적극 제기하고 AI 워싱(AI Washing)을 감시하기 시작했다. 이들은 브랜드의 중요한 이해관계자로서, 관계 형성 방식에 따라 비판자, 감시자, 압력 집단이 될 수도 있고, 파트너, 옹호자, 대변인이 될 수도 있다.

파트너 관계 또한 중요하다. 이는 기업 간 전략적 제휴, 일시적 브랜드 콜라보, 전문가 협업의 형태로 구현된다. 마이크로소프트와 오픈AI 파트너십, 로레알의 AI/AR

전문 기업 모디페이스(ModiFace) 인수 등이 대표적인 사례다. 또한 구글의 '구글 I/O', 애플의 'WWDC', 오픈AI의 '데브데이(DevDay)', 메타의 '메타 커넥트(Meta Connect)', 아마존의 'AWS re:Invent'와 같은 개발자 및 크리에이터 대상 이벤트도 주목할 만하다. 이러한 관계 관리 활동을 통해 공동의 목표를 추구하는 이해관계자들이 상생할 수 있는 생태계를 조성하고, '함께 만들어 가는 브랜드'라는 공감대를 형성하는 것이 AI 시대 브랜딩의 핵심 과제다.

브랜드 관계는 그 속성과 구조 측면에서도 근본적인 전환기를 맞이하고 있다. AI 기술의 고도화는 고객 데이터 분석의 정밀도를 높이며, 브랜드가 이해관계자와의 관계를 더욱 체계적으로 계층화하고 개인화할 수 있게 만들었다. 개인의 취향을 반영한 맞춤형 서비스 제공은 긍정적으로 인식되지만, 구독 기반 서비스가 등급별로 차별화된 경험을 제공하듯, AI가 데이터를 바탕으로 관계를 분류하면서 정보 접근과 혜택에 대한 차별이 일상화될 가능성도 제기되고 있다. 동시에 AI 챗봇이 지능형 에이전트로 진화하면서 24시간 실시간 자동화된 관계 관리가 가능해졌고, AI와 AI가 소통하는 새로운 형태의 관계 구조까지 등장하면서 브랜드 관계에서 고려할 사향이 날로 증가하고 있다.

브랜드 관계의 복잡성도 심화되고 있다. AI 리터러시 수준에 따른 이해관계자 계층의 분화가 뚜렷해지고 있다. AI 기술에 능숙한 얼리어답터 그룹, AI를 이해하지 못하는 디지털 소외 계층, 그리고 AI를 이해하지만 의도적으로 거부하는 계층 간의 디지털 격차가 벌어지고 있다. 여기에 전통적 이해관계자와 AI 기반 신규 이해관계자(AI 파트너사, AI 커뮤니티, AI 인플루언서 등)의 공존, 그리고 인간 중심의 관계를 선호하는 집단과 디지털 기반 관계를 선호하는 집단의 양극화 현상이 브랜드 관계 관리를 더욱 복잡하게 만들고 있다.

이러한 환경에서 브랜드는 AI 기술을 활용한 효율적인 관계 관리에 적극적으로 나서야 한다. 각 이해관계자 그룹의 특성과 선호도를 고려한 맞춤형 채널 전략 수립, 디지털 격차로 인한 관계의 단절 가능성, AI 오작동으로 발생할 수 있는 리스크에 대한 사전적 검토가 필요하다. 특히 AI 서비스의 한계를 보완하는 인간 중심의 프리미엄 서비스 설계도 브랜드 차별화의 핵심 전략 중 하나가 될 수 있다. 이러한 변화에 민감하게 대응하고 선제적으로 준비하는 브랜드가 AI 시대에도 지속 가능한 성장을 이룰 것이다.

참고문헌

대한상공회의소 ESGTV(2022.3.2). 이해관계자 이론 - 에드워드 프리먼 버지니아대학교 교수 특별강연. YouTube. https://www.youtube.com/watch?v=MdunnDDlr78

Berry, L. L.(1983). Relationship marketing. In Berry, L. L., et al.(Eds.), *Emerging perspectives on services marketing* (pp. 25-28). American Marketing Association.

Dib, A.(2016). *The 1-page marketing plan. Success Wise.* 홍성용 옮김(2022). 『바로 써먹고, 바로 돈이 되는 1페이지 마케팅 플랜』. Alpha Media.

Drucker, P. F.(1954). *The practice of management.* Harper Business.

Edelman(2021). Special report: The belief-driven employee.

Fournier, S.(1998). Consumers and their brands: Developing relationship theory in consumer research. *Journal of Consumer Research, 24*(4), 343-373.

Freeman, R. E.(2010). *Strategic management: A stakeholder approach.* Cambridge University Press.]

Goldman Sachs(2024). The creator economy could approach half a trillion dollars by 2027.

Gucci(2024). Gucci prospettive. https://www.gucci.com/us/en/nst/gucci-prospettive

Harris, P. et al.(2005). *The Handbook of Public Affairs.* 김찬석 · 정나영 옮김(2007). 『퍼블릭어페어즈 핸드북 일반편』. 커뮤니케이션북스.

Kissinger, H. A., et al.(2023). The age of AI. 『AI 이후의 세계』. 윌북.

McKinsey & Company(2024). Checking the health of your

business partnerships.
Morgan, B.(2018.9.24). A global view of 'the customer is always right'. *Forbes.*
Peppers, D. & Rogers, M.(1993). *The one to one future: Building relationships one customer at a time.* Currency Doubleday.
Schwab, K.(2018). *The fourth industrial revolution: The next.* 송경진 옮김(2018). 『클라우스 슈밥의 제4차 산업혁명 더 넥스트』. 메가스터디북스.
Sprout Social(2024). Influencer Marketing Report. https://sproutsocial.com/insights/data/influencer-marketing-report1/
Tesla(2024). Tesla we robot. https://www.tesla.com/we-robot
The Economist(2024.10.29). Too many people want to be social media influencers.

07
브랜딩 유형

브랜드의 대상이 국가인지, 기업인지, 개인인지, 혹은 중심 영역이 플랫폼인지, 리테일인지에 따라 브랜딩은 달라진다. AI 기술의 발전으로 새로운 형태의 비즈니스도 등장하고 있다. 유능한 전문가라도 모든 유형의 브랜딩을 완벽하게 해내기는 어렵다. 브랜딩 유형별로 AI가 가져올 변화를 미리 살펴보는 것은 그래서 의미가 있다.

AI와 윤동주?

브랜딩 유형이란

브랜드의 본질과 전략적 방향을 정립하기 위해서는 브랜드 유형에 대한 체계적 이해가 선행되어야 한다. 각각의 브랜드는 고유한 존재 가치와 전략적 지향점을 가지며, 이는 해당 산업의 특성, 시장 구조와 성숙도, 사업 규모 등 다차원적 요인들과 긴밀하게 연계되어 있다. 브랜드 유형은 전통적으로 기능적 · 상징적 · 경험적 가치를 기준으로 분류되거나(Park et al., 1986), 하이테크, 커뮤니티, 리테일, 성분, 컬트, 럭셔리 등 산업 특성에 따라 범주화되어 왔다. 그러나 산업 융합과 디지털 전환이 가속화되면서 이러한 전통적 분류 체계의 유효성이 점차 약화되고 있다. 상징과 경험, 컬트와 하이테크, 리테일과 커뮤니티의 경계가 허물어지고, 커뮤니티 기반 브랜드가 통합적 가치를 제공하는 마켓플레이스로 진화하는 등 브랜드 유형 간 융합이 심화되고 있다.

특히 AI 기술의 혁신적 발전은 소비자 행동 패턴과 이들의 여정을 근본적으로 재편하며, 기존 분류 체계로는 설명하기 어려운 새로운 브랜드 유형을 창출하고 있다. 이러한 시장 환경에서는 단일 또는 이원적 브랜드 속성보다 브랜딩의 실행 주체와 방식의 본질적 차이에 기반한 유형 분석이 더욱 유의미하다. 따라서 브랜딩은 가치

지향성을 기준으로 공공 부문과 상업 부문으로 구분해 접근할 필요가 있다. 실제로 정부 주도의 국가 브랜딩과 알파 세대를 타깃으로 하는 민간 주도의 글로벌 브랜딩은 그 실행 방식과 접근법에서 뚜렷한 차별성을 보인다.

공공 부문 브랜딩

공공 부문 브랜딩은 국가, 도시, 공공기관의 브랜드 구축 활동으로 공익적 가치 실현과 사회적 책임을 주 목적으로 한다. 국가 브랜딩은 1990년대 초 하버드대학교 마이클 포터(Michael Porter) 교수가 국가 경쟁력(National Competitiveness) 개념을 제시하고 1996년 사이먼 안홀트(Simon Anholt)가 '국가 브랜딩(Nation Branding)'이라는 용어를 도입하면서 체계화되었다. 국가 브랜드 경쟁력은 기업의 시장 가치에도 직접적 영향을 미치는데, 유사한 매출과 영업이익을 기록하는 기업들도 소재지 국가에 따라 시가 총액이 다섯 배까지 차이 나는 사례가 있어 이에 대한 체계적 관리가 필요하다. 현재 '안홀트-입소스 국가브랜드지표(Anholt-Ipsos Nation Brands Index, NBI)', '퓨처브랜드 국가지표(FutureBrand Country Index, FCI)' 등 전문 평가 지표와 UN 행복 보고서, OECD 지표, 부패인식지수(Corruption Perceptions

Index, CPI) 등이 국가 브랜드 분석에 활용되고 있다.

영국의 '쿨 브리타니아(Cool Britannia)' 캠페인은 국가 브랜딩의 대표적 사례다. 1990년대 후반 토니 블레어 정부가 정체된 영국 경제를 되살리고 다음 세기에서의 도약을 준비한다는 취지로 기획해 브릿팝, 패션, 미술, 디자인 등 창조 산업을 육성한 사례다. 데미언 허스트(Damien Hirst), 오아시스(Oasis) 등 '쿨한 영국식 태도(Cool Brit Attitude)'를 대표하는 예술인들의 글로벌 입지가 넓어지고 대중의 참여가 증가하면서, 영국은 보수적인 이미지를 현대적이고 창의적으로 리브랜딩하는 데 성공했다는 평을 받고 있다.

최근에는 투발루(Tuvalu)의 '최초의 디지털 국가' 캠페인도 주목받았다. 해수면 상승으로 인해 국가의 물리적 영토가 사라질 위기에 처하자, 주권과 문화유산을 보존하기 위해 디지털 트윈 개념을 적용해 메타버스에 국가의 영토, 문화, 정부 서비스를 디지털화했다. 이를 통해 환경 이슈의 심각성을 전 세계에 알리는 효과를 거두었다.

도시 브랜딩은 글로컬라이제이션(Glocalization), 지방자치 강화, 도시 간 경쟁 심화로 그 중요성이 커지고 있다. 행정 중심에서 브랜딩 중심으로 도시 성장에 대한 접근법이 확장되는 가운데, 'I Love NY' 캠페인은 도시 브랜딩의 대표적 사례로 평가받는다. 디자이너 밀턴 글레이저(Milton Glaser)가 창안한 하트가 삽입된 로고는 9 · 11 테러 이후 'More Than Ever'라는 문구를 추가하며 시민의 연대와 회복력을 상징하는 메시지로 재조명되었으며, 수십 년이 지난 지금도 사랑받고 있다.

공공 부문 브랜딩에서 또 다른 핵심은 정책 브랜드 커뮤니케이션이다. 각 정부 부처는 연간 정책 홍보 계획을 수립하고 정책 수용자의 참여를 촉구한다. 특히 탄소중립, 미세먼지 절감이나 금연, 국내 여행 활성화처럼 사회적 행동 변화가 필요한 정책들은 가치 전달과 공감대 형성이 핵심이다. 이를 위해서는 정책의 본질과 필요성에 대한 스토리텔링, 정책의 브랜드화, 구체적인 실천 가이드라인, 성과의 가시화, 최적화된 미디어 믹스 등이 요구된다. 환경부, 산업통상자원부, 과학기술정보통신부와 그 산하 기관들을 대상으로 자문, 심의, 심사 등을 10여 년간 수행하며 공공 브랜딩의 진화 과정을 관찰할 수 있었다. 과거 민간 기업 대비 브랜딩 역량이 상대적으로 미흡했던 공공 부문은 현재 제한된 리소스 내에서도 민첩한 전략 구축과 효과적인 실행력을 갖추며 자체적으로 혁신을 이루고 있다. 특히 디지털 소통 영역에서의 성과가 두드러진다.

공공 부문 브랜딩에서 주목할 또 하나의 핵심 영역은 올림픽, 세계박람회 등 글로벌 메가 이벤트다. 2018년 평창동계올림픽처럼 안정적으로 실행된 국제 행사는 국가 브랜드 자산을 강화하는 반면, 2023년 세계스카우트잼보리대회처럼 운영 미숙과 위기 관리 실패가 이슈화되거나, 2023년 부산 엑스포 유치 좌절처럼 아쉬움을 낳기도 한다. 국가 브랜드 가치 제고와 경제적 시너지 창출을 위한 글로벌 이벤트 유치 및 개최 시에는 자국만의 고유한 정체성과 미래 비전을 융합한 차별화된 포지셔닝 전략을 수립하고 일관된 브랜드 메시지를 내보내야 한다.

AI는 공공 부문 브랜드 가치 증진에도 적극 활용되고 있다. 국가브랜드지수 상위권에 위치하며 세계행복보고서에서 7년 연속 1위를 기록한 핀란드는 AI 도입에도 앞장서고 있다. AI 대표 행정 '오로라' 프로젝트 추진, 세계 최초 AI 레지스터(등록부) 도입, 도시 탐페레의 AI 전환 허브 구축 등을 통해 정부 AI 준비지수 4위, 거버넌스와 윤리 부문 1위를 차지했다(Oxford Insights, 2023). 두바이도 아랍에미리트(UAE)의 토후국이자 도시로서 2017년 세계 최초로 AI 장관직을 신설하고 'UAE 국가 AI 전략 2031'을 발표하며 도시의 미래 비전을 AI 중심으로 리브랜딩하고 있다.

상업 부문 브랜딩

상업 부문 브랜딩은 기업, 상품, 리테일, 플랫폼 등 브랜딩 대상에 따라 전략적 접근이 크게 달라진다. 시장 진입과 초기 브랜드 인지도 확보를 위한 지속적인 자원 투입과 리브랜딩에 따르는 비용을 고려할 때, 설립 초기부터 글로벌 스케일업까지 고려한 체계적인 브랜드 전략이 필수적이다. 글로벌 확장을 충분히 고려하지 않은 브랜드 전략은 예상치 못한 문제를 야기할 수 있으며, 실제 사례를 통해 그 중요성이 입증된다. 미쓰비시의 '파제로(Pajero)'가 스페인어권에서 부적절한 의미를 내포해 '몬테로(Montero)'로 변경된 사례, 미국 머크(Merck & Co., Inc.)가 독일 머크(Merck KGaA)와의 상표권 분쟁으로 특정 국가에서 MSD로 사용되는 사례가 대표적이다.

기업 브랜딩은 브랜드의 규모에 따라 전략적 초점이 달라진다. P&G, 유니레버, 네슬레와 같이 100개국 이상 진출한 메가 브랜드는 브랜드 아키텍처 구축, 글로벌 브랜드 자산 관리, 리스크 관리가 핵심이다. 반면 스몰 브랜드는 틈새시장 발굴과 소셜미디어를 활용한 팬 커뮤니티 구축에 집중한다. 베스트셀러 작가이자 사업가인 게리 베이너척(Gary Vaynerchuk)은 일관된 콘텐츠의 지속적인 공유와 소셜미디어를 통한 강력한 팬 커뮤니티 구축을, 동기 부여와 교육 중심 유튜브 채널 'The Futur'를 운영하는 크리스 도(Chris Do)는 전문성과 진정성 기반의 스토리텔링을 스몰 브랜드의 핵심 성공 전략으로 제시한다.

특히 퍼스널 브랜드는 AI 시대를 맞아 새로운 기회를 얻고 있다. 『하나에 집중하는 회사(Company of One)』의 저자 폴 자비스(Paul Jarvis)는 작지만 지속 가능한 비즈니스를 하는 1인 기업의 잠재력과 경쟁력을 강조했는데, 최근 AI 도구의 발전으로 1인 기업은 증가할 것으로 예상된다. 페르노리카의 대표적인 보드카 브랜드 앱솔루트(Absolut)가 진행한 '노 레이블(No Label)' 프로젝트나 '앱솔루트 블랭크(Absolut Blank)' 캠페인과 같은 대형 크리에이티브 캠페인도 AI 전문성을 갖춘 1인 기업이 해내는 시대가 곧 도래할 수 있다.

상품 브랜딩은 체계적인 포트폴리오 관리와 생애 주기 관리를 필요로 한다. 브랜드는 전략-핵심-지원 브랜드와 같은 기능 중심의 구분이나, 파워-리딩-챌린저-니치 브랜드와 같은 시장 역할 기반의 분류 체계를 통해 상품을 구조화하고, 출시부터 성장, 성숙, 쇠퇴, 단종에 이르는 전 생애 주기를 전략적으로 관리한다. 대부분의 글로벌 기업들은 P&G와 존슨앤드존슨처럼 시장 점유율과 수익성을 극대화하고 브랜드 간 자기잠식(cannibalization)을 예방하기 위해 포트폴리오 관리를 실시한다.

독일, 미국 브랜드의 한국 시장 마케팅을 담당했던 필자는 주니어 시절, 제품 카테고리별 프로덕트 매니저들이 제출한 연간 마케팅 플랜을 글로벌 본사의 전략적 방향성과 예산 가이드라인에 맞춰 하나의 일관된 마케팅 마스터플랜으로 체계화하는 업무를 수행했다. 이 과정에서는 글로벌 본사 및 지역 법인과의 전략적 조율, SKU 포트폴리오 최적화, 공급망 효율성 검토와 함께, 브랜드 간 포지셔닝 차별화와 가격 전략 수립을 통한 자기잠식 방지가 핵심이었다. 신제품 출시 타이밍, 프로모션 캘린더, 제품 단종 시기와 같은 생애주기 요소들도 종합적으로 분석되어야 했다. 이는 결코 단독 업무가 아닌 마케팅, 영업, 물류, 재무, R&D 등 다양한 부서 이해관계자들과의 유기적 협업을 통해 통합 솔루션을 도출하고, 시장 변화에 맞춰 지속적으로 조정해 나가는 동태적 프로세스였다. 이러한 체계적인 브랜드 포트폴리오 관리가 완

수되면, 삼성전자의 사례에서도 볼 수 있듯이, 글로벌 캠페인부터 로컬 프레스 이벤트, 브랜드 체험 프로그램, 팝업스토어, 리테일 디스플레이, 홈쇼핑 콘텐츠까지 아우르는 통합적 브랜드 액티베이션 단계로 자연스럽게 확장될 수 있다.

AI는 상업 부문 브랜딩에서도 혁신을 이끌어 내고 있다. 서기 3000년의 맛을 담은 코카콜라 Y3000 제로 슈거, 밀라노 젤라토 브랜드 테라 젤라토(Terra Gelato)의 신메뉴 개발, 틱톡의 AI 아바타 도입, 구찌의 가상 피팅 서비스, 스포티파이의 개인화 추천 시스템 등에 AI가 활용되었다. 브랜드 유형을 막론하고 신제품 개발부터 고객 경험 혁신, 매체 광고까지 전 분야에 AI 도입이 본격화되고 있다. 장인정신과 전통을 중요시하는 럭셔리 브랜드 업계도 생성형 AI를 활용해 맞춤형 제품 추천, 디지털 쇼룸 경험, 실시간 고객 서비스 등을 제공하며 디지털 전환을 가속화하고 있다.

최근 기업들의 브랜딩 전략은 플랫폼과 리테일 영역에 집중되고 있다. 플랫폼 비즈니스는 커머스, 콘텐츠, 중개, 핀테크, 에듀테크, 온디맨드 서비스, 커뮤니티에 이르기까지 그 스펙트럼이 확장되고 있다. 디지털 전환 시대에 기업들은 자체 플랫폼을 구축하거나 외부 플랫폼과의 전략적 파트너십을 추진한다. 넷플릭스의 OTT 플랫폼, 틱톡의 숏폼 콘텐츠 플랫폼, AWS의 클라우드 서비스 등은 각 영역에서 공고한 브랜드 입지를 구축하고 있다. 이들은 독자적인 UI/UX 디자인, 사용자 경험 최적화, AI 기반 매칭 알고리즘 고도화를 통해 시장 내 차별적 우위를 확보하고 있다.

리테일 브랜딩은 피지털(phygital) 경험과 AI 기술의 융합으로 고객에게 더욱 개인화된 몰입 경험을 제공하고 있다. 대표적으로 글로벌 뷰티 리테일러 세포라(Sephora)는 실험적인 플래그십 스토어를 통해 차별화된 옴니채널 경험을 제시했다. '세포라 버추얼 아티스트(Sephora Virtual Artist)' AR 애플리케이션을 통한 2만여 개 제품의 가상 메이크업 체험, 디지털 엔드캡 디스플레이와의 연계, 그리고 'AI 인스타센트(InstaScent)'를 활용한 업계 최초의 디지털 향 프로파일링이 대표적 사례다. 이러한 시도는 뷰티 리테일러를 넘어 테크 기업 수준의 R & D 조직을 운영하며, 지속적인 고객 경험 혁신을 추구하는 세포라의 차별화된 역량에 기반한다.

AI 격차와 브랜딩의 과제

AI 기술이 보편화된 현재, 브랜딩에서 AI 활용은 선택이 아닌 필수가 되었다. AI는 브랜드 전략의 핵심 동인으로 작용하고 있으나, 현재 AI 기술의 활용도와 이해도는 국가, 연령, 성별, 직종에 따라 차이를 보인다. 2024년 글로벌 AI 지수에 따르면 미국과 중국을 제외한 대다수 국가의 AI 역량이 아직 미흡한 수준이며, 개인 차원에서도 AI 리터러시와 수용도의 격차가 뚜렷하게 나타나고 있다.

이러한 AI 격차는 브랜딩에서 중요한 과제가 되고 있다. 소비자의 기술 수용도를 크게 상회하는 AI 활용이나, 불쾌한 골짜기(uncanny valley) 현상을 유발하는 AI 생성 콘텐츠는 브랜드에 대한 거부감으로 이어질 수 있다. 특히 AI에 대한 이해가 부족하거나 부정적 인식을 가진 소비자들에게 첨단 AI 기술을 전면에 내세우는 브랜딩은 역효과를 초래할 수 있다.

따라서 브랜드는 목표 고객의 AI에 대한 태도와 AI 리터러시 수준을 고려한 섬세한 접근이 필요하다. 어도비가 농구선수 샤킬 오닐(Shaquille O'Neal)을 내세워 "누구나 쉽게 사용할 수 있다"는 메시지로 복잡한 AI 기술을 유머러스하고 친근하게 전달한 사례는 주목할 만하다. AI 시대의 성공적인 브랜딩은 기술력 과시가 아닌, 소비자 관점에서 실질적 가치와 혜택을 자연스럽게 전달하는 데 있다.

참고문헌

강봉수(2024). 생성형 AI 긍정 태도는 어떻게 형성될 수 있을까? 소비자 경험과 디지털 리터러시가 디지털 자아효능감을 통해 생성형 AI 긍정 태도에 미치는 영향. ≪소비자학연구≫, 35(2), 143-163.

AI Literacy Institute(2024). Gender and age gaps in generative AI. https://ailiteracy.institute/gender-and-age-gaps-in-generative-ai/

Anholt, S.(2006). *Competitive identity: The new brand management for nations, cities and regions.* Palgrave Macmillan.

Bousquette, I.(2024.12.17). Oreo owner Mondelez taps AI to tweak its classic snacks. *The Wall Street Journal.*

Delgado, M., et al.(2012). The determinants of national competitiveness. NBER Working Paper Series, 18249. National Bureau of Economic Research. http://www.nber.org/papers/w18249

Dubai Government(n.d.). UAE artificial intelligence strategy. Retrieved January 22, 2025, from https://ai.gov.ae/

Girod, S.(2024.5.24). How luxury brands bet on generative AI to solve old and new challenges. *Forbes.*

HEC Montreal Digital(2024.3.19). AI and Sephora: A continuous love story. HEC Montreal Digital Blog.

Helliwell, J. F., et al.(2024). World happiness report. UN Sustainable Development Solutions Network.

Imam, J.(2024.8.25). How AI is remaking Milan's ice cream scene and driving a gelato boom. *The Times.*

Jarvis, P.(2019). *Company of one: Why staying small is the next*

big thing. Houghton Mifflin Harcourt.
Otis, N. G., et al.(2025). Global Evidence on Gender Gaps and Generative AI(Working Paper 25-023). Harvard Business School.
Oxford Insights(2024). Government AI readiness index 2024. Retrieved January 22, 2025, from https://oxfordinsights.com/ai-readiness/ai-readiness-index/
Park, C. W., et al.(1986). Strategic Brand Concept-Image Management. *Journal of Marketing, 50*(4), 135-145.
Rayome, A. D.(2018). How Sephora is leveraging AR and AI to transform retail and help customers buy cosmetics. TechRepublic. http://www.techrepublic.com
Roberts-Islam, B.(2024.10.9). How AI will revolutionize fashion retail and virtual try-on. *Forbes*.
United Arab Emirates Government(2018). UAE National Strategy for Artificial Intelligence 2031.
Vaynerchuk, G.(2018). *Crushing it!: How great entrepreneurs build their business and influence-and how you can*. Harper Business.

08
브랜드 캠페인

브랜드 캠페인은 브랜드 자산을 구축하고 강화하는 강력한 수단이다. 성공적인 캠페인은 브랜드 가치를 선명하게 전달하고, 조직의 중요한 변화를 비전으로 확산하며, 리스크를 관리하고 위기의 영향을 완화한다. AI는 캠페인 전반에 영향을 미치고 있다. AI 활용 방안과 AI 시대에도 적용되는 브랜드 캠페인 골든 룰을 살펴본다.

AI와 한의학?

브랜드 캠페인이란

브랜드 캠페인은 브랜드 자산을 구축하고 강화하는 장기적인 전략적 커뮤니케이션 활동이다. 단기 성과 중심의 마케팅과 달리 장기적 관점에서 소비자와의 정서적 유대를 형성하며, 명확한 지표를 기반으로 실행된다. 브랜드 캠페인의 핵심 요소는 차별화된 가치 제안, 독창적 크리에이티브, 그리고 실행의 일관성과 지속성이다.

브랜드 캠페인은 소비자 행동 양식과 미디어 환경의 변화에 맞춰 진화해 왔다. 1950년대 필립 모리스의 말보로 맨(Marlboro Man)은 제품 속성을 상징적 가치로 전환했고, 나이키 '저스트 두 잇(Just Do It)'은 스포츠 용품을 라이프스타일 브랜드로 승화시켰다. 애플 '싱크 디퍼런트(Think Different)'는 기업 철학을 소셜 무브먼트로 확장했으며, 코카콜라 '셰어 어 코크(Share a Coke)'는 매스 브랜딩과 개인화를 성공적으로 결합했다.

현대 브랜드 캠페인은 디지털 환경에 최적화된 형태로 진행된다. 대개 다채널에 걸쳐 장기간 노출되며, 접점별 인터랙션이 동시 또는 연쇄적으로 발생한다. 최근 AI 기술로 가능해진 새로운 크리에이티브 시도와 브랜드가 추구하는 가치에 부합하는 문화예술 컬래버레이션이 증가하고 있다.

특히 소비자의 역할이 캠페인 수용자에서 공동 창작자로 변화하면서, 아디다스의 '넌 할 수 있어(You Got This)', 아모레퍼시픽의 '너다운 아름다움(Beautiful Is You)', 삼성전자의 '할 수 없는 일에 도전하라(Do What You Can't)'와 같이 소비자가 주인공이 되는 열린 참여형 캠페인이 늘고 있다. 더 나아가 매드해피(Madhappy)처럼 브랜드 자체가 캠페인이 되어 제품과 파트너십, 팝업스토어 등 일련의 활동들로 구체화되어 소셜 무브먼트를 일으키는 사례도 등장했다.

브랜드 캠페인의 목표

브랜드 캠페인은 브랜드 가치 전달, 혁신 비전 확산, 지속 가능성이라는 세 가지 전략적 목표를 중심으로 실행되며, 이들은 상호 연계되어 브랜드 자산을 강화한다. 브랜드 가치 전달 캠페인은 소비자 공감 획득과 유대 형성, 시장 내 브랜드 입지 확대에 초점을 맞춘다. 글로벌 프리랜서 플랫폼 업워크(Upwork)는 '새로운 일하는 방식의 시작(This is How We Work Now)' 캠페인으로 현대적 근무 방식을 블랙 유머와 뮤지컬 형식으로 재해석하며 차별화된 브랜드 인지도를 구축했다. 타이드의 '런드리 나이트(Laundry Night)' 캠페인은 NFL 시즌과 연계해 특정 요일을 세탁의 밤으로 정하는 과정을 NBC와 함께 토론하는 방식으로 진행하며, 소비자와의 정서적 연결성을 강화하고 세탁 세제의 대명사로서의 브랜드 입지를 다졌다. 리바이스는 150주년을 맞아 '가장 위대한 이야기를 담은 청바지(The Greatest Story Ever Worn)' 캠페인으로, 현대자동차는 국민 첫차 포니를 재조명한 '헤리티지 시리즈(Heritage Series)' 캠페인으로 브랜드 유산을 현대적으로 재해석했다.

비전 확산 캠페인은 기업의 전략적 전환기에 실행된다. 마이크로소프트는 사티아 나델라(Satya Nadella) CEO 취임과 함께 '모두를 위한 새로운 가능성(Empowering Us All)' 캠페인으로 클라우드 중심 전략을 선포했으며, 링크드인 인수 후에는 '함께하는 우리(In It Together)' 캠페인으로 통합된 혁신 비전을 제시했다. 아마존이 홀푸드마켓을 인수한 후 전개한 '당신의 완전한 일상을 위해(Whatever Makes You Whole)' 캠페인과 BMW의 '전기차가 미래(Future Is Electric)' 캠페인은 기업의 새로운 비전을 알리는 대표적 사례다.

지속 가능성 캠페인은 잠재적 리스크를 줄이고 위기에 적극 대응해 지속 가능한 비즈니스 기반을 공고히 하는 것을 목표로 한다. 유한킴벌리의 '우리 강산 푸르게 푸르게' 캠페인은 제지 산업의 환경 이슈에 선제적으로 대응해 40년간 이어지며 한국 환경 보호의 표준이 되었다. 지속적인 환경 문제 제기에 직면해 온 패스트패션 브랜드 자라(ZARA)와 H&M은 친환경 소재 제품 라인과 의류 회수 프로그램으로 지속 가능성을 강화했다. 브랜드 위기 상황에서는 더욱 강력한 회복 노력이 필요한데, BP는 멕시코만 기름 유출 사고 이후 '함께 만드는 더 나은 미래(Together We're Better)' 캠페인으로, 도요타는 대규모 리콜 사태 이후 '나아가자(Moving Forward)' 캠페인으로 고객 신뢰를 회복하고자 했다.

브랜드 캠페인이 지속적으로 성과를 내기 위해서는 경영진의 강력한 의지와 조직 전반의 합의가 필수적이다. 주관사 대표로 2년간 제작을 대행했던 동아제약의 국토대장정은, 창업 이념을 계승한 강신호 회장의 '인간 존중'과 '청년 세대에게 도전 정신과 희망을 심어 주자'는 핵심 철학이 브랜드 퍼포스(Brand Purpose)로 승화된 지속 가능성 캠페인이다. 1998년 외환위기 속에서 시작된 이 프로젝트는 20년 이상 한국 대학생들의 자아 발견과 공동체 의식 함양에 기여하며, 기업의 사회적 책임(CSR)을 넘어 브랜드 아이덴티티의 핵심 요소로 자리매김했다. 코로나19 팬데믹으로 일시 중단되었으나 이를 폐지하지 않고 재개를 준비하고 있다는 점은, 해당 캠페인이 동아제약 브랜드의 불가분한 구성 요소로 통합되었음을 방증한다.

브랜드 캠페인의 골든 룰

성공적인 브랜드 캠페인에는 다음 열 가지 골든 룰이 있다. 첫째는 통합 커뮤니케이션이다. 일관된 메시지의 다채널 노출이 핵심이다. 지상파, 옥외 광고, 디지털 매체부터 메타버스까지 모든 접점을 통합적으로 활용한다. 페이스북의 메타 리브랜딩이 대표적 사례다. 기업 비전을 알리는 티징 목적의 언론 인터뷰를 시작으로 CEO 공식 레터 공개, 브랜드 광고 온에어, 기업 공식 채널의 서비스별 콘텐츠 발표, CEO 페이스북 데일리 포스팅까지 단계적으로 메타의 비전을 전달하는 통합 커뮤니케이션을 실행했다.

둘째는 핵심 가치를 담은 메시지다. 맥도널드의 '난 이게 좋아(I'm lovin' it)'와 M&M's의 '입안에서만 녹아요(Melts in Your Mouth, Not in Your Hands)'처럼 핵심 가치가 잘 표현된 캠페인 메시지는 수십 년간 소비자의 마음속에 각인되어 브랜드 연상을 강화한다.

셋째는 지속성이다. 코카콜라는 60년 이상 '행복'이

라는 브랜드 가치를 일관되게 전달했고, 미쉐린 맨(Michelin Man)은 1898년부터 120년 넘게 브랜드 상징으로 존재해 왔다. 스니커즈의 '배고플 땐 네가 아니니까(You're not You When You're Hungry)' 캠페인은 2009년 이후 다양한 유명인을 통해 일관된 메시지를 전달하며 문화적 밈으로 확산되어 높은 브랜드 충성도를 구축했다.

넷째는 확장성이다. P&G의 '땡큐 맘(Thank You, Mom)' 캠페인은 보편적 정서를 매개로, 다양한 소비자의 개인적 경험과 자연스럽게 접점을 형성하며 글로벌 공감대를 형성했다. 윔블던(Wimbledon)의 '언제나 새로운(Always Like Never Before)' 캠페인 또한 참가 선수의 성장 서사를 브랜드 유산과 연결함으로써, 스포츠 팬은 물론 일반 대중까지 브랜드 스토리에 공감하게 만드는 확장성을 보여 주었다.

다섯째는 독특한 크리에이티브다. 웬디스(Wendy's)는 경쟁사를 겨냥한 위트 있는 소셜미디어 전략으로 주목받았으며, 특히 기발하고 자기 풍자적인 '전국 로스트 데이(National Roast Day)'를 매년 개최해, 유쾌한 디지털 놀림 문화와 팬 커뮤니티를 형성했다.

여섯째는 화제성이다. 빈폴은 '태도를 입는다' 캠페인

에서 연예인 태도 논란을 재치 있게 패러디해 시의성과 유머를 모두 잡으며 주목을 끌었다.

일곱째는 진정성이다. AI 시대에는 진정성이 더욱 중요해졌다. AI 윤리 위반이나 허위 마케팅, AI 워싱이나 과장 광고는 소비자 신뢰를 무너뜨릴 수 있다. 버거킹의 와퍼 크기 과장 광고 소송은 브랜드 신뢰도가 한순간에 쉽게 흔들릴 수 있음을 보여 주는 사례다.

여덟째는 사회적 임팩트다. 막스앤스펜서(Marks & Spencer)가 실시한 다양한 컬러의 누드 브라 캠페인과 올웨이즈(Always)의 '소녀처럼(Like a Girl)' 캠페인은 포용성과 다양성, 고정관념의 타파라는 사회적 가치를 전면에 내세우며 의미 있는 사회 변화를 유도했다. 현대자동차는 유튜브에서 '브랜드 캠페인'이라는 통합 타이틀 아래 '세상을 이어 주는 사다리' 등 공익적 메시지를 담은 콘텐츠를 정기적으로 공개하며 사회적 임팩트를 지속적으로 전파하고 있다.

아홉째는 파트너십이다. 올림픽, FIFA 월드컵과 같은 글로벌 이벤트, 그리고 영향력 있는 브랜드, 미디어, 인플루언서와의 협업은 캠페인의 도달 범위와 확산 속도를 높이는 데 유용하다. 일례로 2004년 아테네 올림픽은 올림픽 역사상 최초이자 유일하게 전 세계 27개국 34개

도시를 순회하는 글로벌 성화 봉송이 이루어진 대회였다. 당시 필자는 TOP 스폰서였던 삼성전자의 PR 캠페인 담당자로서 전세기를 타고 하루 한 국가씩 이동하며 홍보대사 인터뷰 관리, 미디어 관계 관리, 콘텐츠 제작을 담당했다. 이러한 스포츠 마케팅 파트너십은 상당한 투자를 요구하지만, 단기간 브랜드 인지도 및 선호도 제고뿐 아니라 장기적 브랜드 자산 구축에 결정적 역할을 하기도 한다. 실제로 삼성전자의 글로벌 브랜드 가치는 2000년 인터브랜드 순위 43위에서 2004년 21위로, 그리고 2005년에는 20위로 상승했다. 이러한 올림픽 마케팅 활동을 포함한 다양한 노력을 통해 삼성은 2006년 이후 글로벌 톱 10 브랜드로 도약하는 발판을 마련했으며, 현재는 세계 5위의 브랜드 가치를 보유하게 되었다.

브랜드 캠페인의 마지막 골든 룰은 성과 분석과 최적화다. 노출 수(Impressions), 클릭률(CTR), 참여율(Engagement Rate), 전환율(CVR), 광고 수익률(ROAS) 등의 정량적 지표와 함께 브랜드 인지도 조사, 정성적 반응 분석, SWOT 분석 등을 통해 캠페인 성과를 종합적으로 측정한다. 특히 글로벌 브랜드는 각 국가별 캠페인 성과를 지속적으로 모니터링하고, 이를 바탕으로 메시지, 채널, 타이밍 등 요소 전반을 최적화해 마케팅 효율을 극

대화하고 있다.

AI 시대의 브랜드 캠페인

AI가 브랜딩의 한계를 재설정하고 있다. 하인즈(Heinz)는 '하인즈 AI 케첩' 캠페인에서 AI에게 '케첩'을 그리라고 했고, AI는 브랜드명을 듣지 못했음에도 하인즈 케첩을 연상시키는 이미지를 그려 냈다. 이는 인간의 예측을 뛰어넘는 AI 생성 콘텐츠를 활용한 캠페인 사례다. 캐드버리는 200주년을 맞아 AI로 소비자들의 셀카를 빈티지 광고 포스터로 담아냈다. AI가 인간의 창의성을 기술로 구현한 것이다.

캠페인 제작에서 AI 기술은 이미 보편화되었다. 2024년 한 해 삼성생명, 롯데, 농심 등 많은 기업들이 AI 광고를 선보였다. KB라이프생명은 배우 윤여정의 20대 모습을, 서울우유 'A2+ 우유'는 배우 박은빈의 어린 시절을 AI로 구현해 시간과 비용을 절감하면서도 과거 불가능했던 표현을 사실적으로 구현했다.

AI 콘텐츠 활용 시에는 진정성과 정보의 신뢰성, 소비자 수용성을 세심하게 점검해야 한다. 유튜브와 틱톡은 이미 AI 콘텐츠에 대한 라벨링 정책을 도입했다.

AI를 브랜드 자산으로 활용하는 움직임도 확산되고

있다. SK는 'AI Together, AI Tomorrow' 슬로건으로 SK AI 서밋 2024를 개최하고, 에이닷 출시와 오픈AI, 마이크로소프트와의 파트너십 등을 이어 가며 AI 시장 선점을 시도하고 있다. 현대자동차그룹은 엔비디아와 손잡고 자율주행과 로보틱스 분야의 AI 기술을 고도화하고 있으며, 신세계그룹은 서울대와 협력해 AI 기반 초개인화 쇼핑 도우미를 개발하고 있다. 에스티로더는 마이크로소프트와 'AI 이노베이션 랩'을 설립해 트렌드 분석부터 제품 개발, 고객 경험까지 AI를 접목하고 있다.

AI 브랜딩은 이제 상품 개발을 포함한 전사적 차원의 프로젝트로 확장되고 있다. 하이네켄은 'AI 브루어리(AI Brewery)' 캠페인으로 AI 기반 맥주를 개발했고, 푸마는 AI로 디자인한 운동화 '인버스(Inverse)'를 선보였다. AI는 시장분석부터 타기팅, 크리에이티브 개발, 성과 측정까지 캠페인 전반을 개선한다. 소비자 반응을 실시간으로 분석해 인사이트를 도출하고, 이를 바탕으로 광고를 자동으로 최적화한다. AI는 이미 브랜드 캠페인의 전 과정에서 중요한 역할을 수행하고 있으며, 기술 발전에 따라 더욱 혁신적인 방식으로 개입할 것이다.

한 가지 유념해야 할 점은, 여전히 좋은 캠페인은 '왜?'라는 인간의 근원적 질문에서 시작된다는 점이다. 'Wait

Until 8th' 캠페인을 살펴보자. 2017년 텍사스 오스틴의 학부모들은 집중력 저하, 사이버 괴롭힘, 부정적 신체 이미지 등 스마트폰의 심각한 부작용을 보며, '왜 어린이들에게 이토록 일찍 스마트폰을 쥐여 주어야 하는가?'라고 질문했다. 이러한 우려는 8학년까지 스마트폰 사용을 미루자는 제안으로 이어졌고, 2025년 현재 9만 가구가 동참하며 야외 활동, 독서, 가족과의 시간을 되찾는 변화를 만들어 내고 있다.

브랜드 캠페인은 기업의 장기적 가치를 전달하는 핵심 수단이다. 2024년 애플 아이패드 프로의 'Crush' 광고는 다빈치의 설계도와 베토벤의 악보를 파괴하는 장면으로 창작자들의 반발을 샀고, 자동차가 등장하지 않는 재규어의 파격적 리브랜딩 광고는 자동차 전문가들의 우려를 자아냈다. 브랜드의 정체성과 팬층의 가치관에 부합하지 않는 캠페인은 오히려 브랜드 가치를 훼손한다. 따라서 AI 기술을 활용한 캠페인일수록 왜곡이나 부작용을 유발할 요소가 있는지 면밀히 고찰하고, A/B 테스트, 파일럿 캠페인, 소비자 패널 조사 등 체계적 검증을 통해 브랜드의 본질과 진정성을 지켜야 한다.

참고문헌

정나영(2021.11.12). 리브랜딩: 페이스북에서 메타로. 브런치. https://brunch.co.kr/@thisisnyjeong/124

조선일보(2023.6.8). 현대차 "AI가 차량용 반도체 개발... 시행착오 90% 줄었다". ≪조선일보≫.

한국경제(2025.1.1). AI 적용한 현대차, 반도체 설계 시간 90% 단축. ≪한국경제≫.

EBS 비즈니스 리뷰(2022.10.2). 세상을 바꾸는 작은 힘. https://www.youtube.com/watch?v=IZm1m_FKmc0

Adweek(2024.3.25). Heinz taps AI to design next ad campaign. https://www.adweek.com/commerce/heinz-taps-ai-design-next-ad-campaign/

Advertising Week(2024). Design evolution: Michelin Man. https://advertisingweek.com/design-evolution-michelin-man/

Amore Pacific(2024). New beauty story. https://stories.amorepacific.com/new-beauty-story/

Brand Brief(2024). 브랜드 캠페인의 새로운 지평. https://www.brandbrief.co.kr/news/articleView.html?idxno=4782

CBN Weekly(2023). AI 시대의 브랜드 전략. ≪CBN Weekly≫. https://weekly.cnbnews.com/news/article.html?no=164176

Campaign Live(2024.1.15). Cadbury 'Yours for 200 years - My Cadbury Era' by VCCP. https://www.campaignlive.com/article/cadbury-yours-200-years-cadbury-era-vccp/1881895

Clegg, M., et al.(2024). Unveiling the mind of the machine. *Journal of Consumer Research, 51*(2), 342-361.

MIT Technology Review(2024.3.26). AI could make better beer: Here's how.
Rolling Stone(2024). The AI image brand backlash. https://www.rollingstone.com/culture/culture-features/ai-image-brand-backlash-1235040371/
Snickers(2024). Our story. https://www.snickers.com/mena/en/our-story#:~:text=2010
The Guardian(2024.3.26). AI beer taste better: Belgium scientists.
The Wait Until 8th pledge. https://www.waituntil8th.org/
Vogue Business(2024). Estee Lauder companies forms AI innovation lab. https://www.voguebusiness.com/story/beauty/estee-lauder-companies-forms-ai-innovation-lab
VML(2024). Cannes Lions 2024 trends and takeaways. https://www.vml.com/insight/cannes-lions-2024-trends-and-takeaways
Whitler, K., et al.(2024). Using AI to assess creative concepts [Technical Note] (UV9034-PDF-ENG). Harvard Business Review.

09
브랜딩 직업

브랜딩 직업은 AI로 대체된다는 전망이 있다. 그러나 역설적이게도 AI 시대에 휴먼 터치가 더욱 절실한 곳이 브랜딩이다. AI 마인드셋을 지니고, 리더십과 프로젝트 관리, 소통 역량을 갖춘 전략가이자 실험을 두려워하지 않는 창의적 린치핀이 필요한 시대다. 지금까지 위대한 브랜드 뒤에는 언제나 브랜딩에 진심인 사람들이 있었다. AI 시대에도, 위대한 브랜드는 이들의 손에서 탄생할 것이다.

AI와 화장품?

브랜드를 만드는 사람들

위대한 브랜드 뒤에는 브랜딩에 진심인 리더가 있다. 애플의 스티브 잡스(Steve Jobs), 나이키의 필 나이트(Phil Knight), 버진 그룹의 리처드 브랜슨(Richard Branson)처럼 경영자로서 역할에 더해 브랜드 크리에이터로서 자신의 철학을 브랜드에 녹여 낸 이들이다. 이러한 경영인의 행보는 그 자체가 브랜드 스토리가 되어 브랜드와 분리할 수 없는 하나의 상징이 되기도 한다. 그러나 브랜드의 성공 신화는 결코 한 사람의 힘만으로 이루어지지 않는다. 애플의 성공 이면에는 켄 시걸(Ken Segall)의 전략적 통찰, 로브 야노프(Rob Janoff)의 상징적 로고, 조너선 아이브(Jonathan Ive)의 미니멀 제품 디자인, 크레이그 다니모토(Craig Tanimoto)의 감성적 광고가 있었다.

브랜드 컨설팅의 거장들도 현대 브랜드의 신화를 함께 썼다. 월터 랜도어(Walter Landor)는 코카콜라와 페덱스의 브랜드 시스템을, 데이비드 오길비(David Ogilvy)는 해서웨이 셔츠 광고의 스토리텔링을, 톰 캐논(Tom Cannon)은 나이키의 브랜드 캠페인을 완성했으며, 브랜드 3대 석학 데이비드 아커, 케빈 켈러, 장 노엘 캐퍼러, 그리고 필립 코틀러, 마티 뉴메이어, 세스 고딘과 같은 학자와 컨설턴트들은 브랜드 관련 통찰을 정리하고 확산하고 있다.

그렇다면 AI 시대인 지금, 어떤 사람이 위대한 브랜드를 만들어 낼 것인가? AI 기술은 브랜딩의 방식뿐 아니라 산업의 구조와 전문가의 역할까지 근본적으로 변화시키고 있다.

브랜딩 산업과 직업

현대 브랜딩 산업은 기업 내부 조직과 외부 전문 기관이 유기적으로 역할을 분담하며 운영된다. 삼성과 LG 같은 대기업은 독립적인 브랜드 조직을 운영하며 브랜드 자산을 통합 관리해 왔다. 글로벌 기업들은 각 브랜드 유닛에 자율권을 부여하는 동시에 글로벌 브랜드 전담 조직을 통해 전체적인 브랜드 전략을 일관되게 조율한다. 예를 들어 P&G는 2014년 마케팅 조직을 브랜드 매니지먼트 조직으로 개편하고 최고 브랜드 책임자(Chief Brand Officer)를 선임해, 수십억 달러 규모의 글로벌 미디어, 마케팅, 광고 전략 수립과 브랜드 포트폴리오 관리를 총괄하고 있다. 반면 중소기업에는 브랜드 관리를 전담하는 조직이 별도로 없는 경우가 많다. 대부분 마케팅 조직 내에서 한두 명의 전담 인력이 브랜드 커뮤니케이션을 맡거나, 마케팅 · 홍보 담당자 또는 디자이너가 브랜드 업무를 겸임하는 형태로 운영된다.

외부 전문 기관은 주력 분야별로 분화되어 있다. 제일기획, TBWA와 같은 종합 광고대행사와 랜도어(Landor), 인터브랜드(Interbrand), 펜타그램(Pentagram), 리핑코트(Lippincott) 같은 브랜드 컨설팅사, 그리고 잭 모턴 월드와이드(Jack Morton Worldwide), 이매지네이션(Imagination)과 같은 브랜드 경험 전문사가 시장의 중심에 있다. 또한 맥킨지와 BCG 같은 경영 컨설팅사는 브랜드 컨설팅 서비스를 제공하며, 회계법인은 브랜드 자산가치 평가, ESG 경영 및 지속 가능성 보고서 등 유관 업무를 통해 이 시장에 일부 참여하고 있다. 디지털 전환이 가속화되면서 소셜미디어 에이전시, 디지털 콘텐츠 제작사, 인플루언서 마케팅사가 새로운 주요 플레이어로 떠올랐으며, OMA와 겐슬러(Gensler) 같은 공간 디자인 전문 에이전시도 브랜드 경험을 강화하는 역할을 담당하고 있다. 최근에는 AI 기반 콘텐츠 전문 에이전시가 등장해 기업 브랜드 조직과 연간 계약 또는 프로젝트 단위 협업을 통해 시장에서 활동하고 있다.

브랜딩 직무는 조직의 규모와 특성, 그리고 브랜딩 · 마케팅 · 디자인에 대한 조직 내 역량과 관점에 따라 그 역할이 달라진다. 일반적으로 브랜드 전략가는 전략 수립을, 크리에이티브 디렉터는 브랜드 콘셉팅을, 콘텐츠 크리에이터는 스토리텔링을, 프로듀서는 영상 제작을, 커뮤니케이션 전문가는 미디어 대응과 위기 관리를 담당하며, 각 직무는 고유한 전문성을 갖는다. 하지만 이들이 각자 맡은 역할을 성공적으로 수행하기 위해서는 브랜딩 전반에 대한 지식과 경험뿐만 아니라 다른 직무에 대한 이해도 필수적이다. 또한 공동의 목표를 추구하므로 원활한 협업과 소통 능력이 요구된다.

SNS와 AI, 디지털 기술의 발전으로 브랜드 전문가의 역할은 단순한 디자인이나 마케팅을 넘어 통합적 경험 관리자로 확장되고 있다. 이에 따라 디지털 혁신, 빅데이터, AI 기반 경험 디자인 역량을 갖춘 전문가에 대한 수요가 증가하고 있으며, AI 콘텐츠 디렉터, 메타버스 브랜드 매니저와 같은 새로운 직무도 생겨나고 있다. 현재 크리에이티브 에이전시의 직무는 60여 가지로 세분화되어 있으며, 전략 컨설팅부터 크리에이티브, 디지털 마케팅, 경험 디자인, AR · VR · MR, 메타버스, 기술 개발, 브랜드 보호, 사내 브랜딩까지 그 영역이 지속적으로 확대되고 있다. 브랜딩 산업은 시장 변화와 기술 발전에 따라 끊임없이 진화하며, 이는 브랜드 전문가들에게 새로운 도전과 기회를 제공하고 있다.

AI 시대의 브랜딩 직업

각종 언론과 전문가들은 AI가 대체할 가능성이 높은 직업으로 광고 · 마케팅 등 브랜딩 관련 직군을 거론한다. 실제로 AI 기술의 발전으로 미디어 바잉, 고객 응대 등 일부 전통적인 브랜딩 및 마케팅 업무가 자동화되면서 투입 인력이 감소하고, 자료 조사, 보고서 작성, 모니터링과 같은 주니어 업무를 AI가 대체하면서 산업 구조가 시니어 중심으로 재편되고 있다. 기업들은 AI를 활용해 고효율 · 저비용 구조 전환을 적극 모색하고, 동일한 과제를 인간 조직과 AI에 동시에 맡겨 성과를 비교하기도 한다.

채용 공고에는 생성형 AI 도구 활용이 필수 역량으로 명시되기 시작했고, AI 브랜드 전략가, AI 전략 컨설턴트, 데이터 기반 브랜드 매니저, AI 콘텐츠 크리에이터, AI 프롬프트 엔지니어, 브랜드 윤리 책임자, 인간-AI 협업 전문가 등 새로운 직무도 등장했다. 업워크(Upwork)와 파이버(Fiverr) 같은 글로벌 프리랜서 플랫폼은 AI 서비스 전용 페이지와 컨설팅 서비스를 운영 중이며, AI잡스넷(AIJobs.net)과 같은 전문 채용 플랫폼은 AI, 머신러닝, 데이터 사이언스, 빅데이터 분야의 인재와 일자리를 연결하고 있다. 주요 헤드헌팅 기업들 역시 유능한 AI 전문가 풀을 확보하는 데 주력하고 있으며, 링크드인(LinkedIn), 인디드(Indeed), 글래스도어(Glassdoor)와 같은 글로벌 채용 플랫폼에서도 관련 키워드 검색을 통해 다양한 AI 직무를 손쉽게 찾을 수 있다

일부 일자리는 사라지고 있지만, AI 고급 인력 시장은 과열 양상을 보이고 있다. 2024년 3월 마이크로소프트는 AI 스타트업 인플렉션(Inflection)에 모델 라이선스 및 법적 권리 포기의 대가로 약 6억 5천만 달러(약 9,400억 원)를 지불하고 직원 70명 이상을 일괄 영입했다. 이 거래는 AI 인재 확보 경쟁이 얼마나 치열한지를 보여 주는 사례로, 반독점 이슈로까지 거론되었다.

브랜딩 분야에도 AI 기술이 도입되면서, 기업들은 고유한 브랜드 경험 설계와 차별화된 브랜드 아이덴티티 구축에 집중하고 있다. AI 도입이 가속화됨에 따라 AI 인재에 대한 수요가 증가하고 있으며, AI 활용도가 높은 직무에서는 평균 25%의 임금 프리미엄이 발생할 것으로 전망된다(PwC, 2024). 최고 AI 책임자(CAIO), 최고 디지털 책임자(CDO) 등의 직책을 신설하는 기업도 생겼다.

AI 기술이 보편화됨에 따라 조직의 AI 전환도 필수적이다. 경영자는 AI 도구 구독, 플랫폼 구축, AI 교육 지원, AI 인재 확보 등 초기 투자뿐만 아니라 AI 협업 체계 및 성과 분석 시스템 구축, AI 마인드셋 내재화 및 경쟁력 강화를 위한 기업 비전 선포와 윤리 캠페인 같은 전사적 전환 전략을 검토해야 한다.

사업 및 고용 측면에서 주목할 만한 변화는 1인 기업의 성장과 프리랜서 시장의 확장이다. 송길영 작가가 언급한 '핵개인'의 시대, 심리학자 토드 로즈가 말한 '다크호스'의 시대가 현실이 되고 있다. AI 도구들이 팀원 역할을 하면서, 개인은 디렉터가 되는 새로운 구조가 형성되고 있으며, 일부 전문가들은 1조 원 매출을 올리는 1인 기업이 등장할 가능성까지 전망하고 있다. 최근 AI 크리에이터 프리랜서는 콘텐츠 제작, 브랜딩 프로젝트 참여, 온라인 강의, 글로벌 강연 등 다양한 수익원을 확보하며, 과거 수개월 걸리던 프로젝트를 수일 내에 완성해 빠르게 성장하고 있다. 이러한 변화는 브랜딩 전문가에게 새로운 도전이자 기회다. AI를 전략적으로 활용하면서도 인간만의 창의성과 통찰력을 발휘하는 전문가가 미래 브랜딩 산업을 이끌 것이며, 브랜딩 산업은 나날이 기술적으로 고도화될 것이다.

브랜딩 전문가의 핵심 역량

AI 시대의 브랜딩 전문가는 AI 마인드셋을 지니며, 리더십과 프로젝트 관리, 창의성과 커뮤니케이션 역량을 갖춘 브랜드 전략가가 되어야 한다. AI 도구들은 시장 조사부터 아이데이션, 보고서 작성, 브랜드 애셋 제작, 경험 설계, 성과 분석에 이르기까지 자율적으로 수행한다. AI 도구 간 상호 호환성이 높아지고, 각 기술의 성능과 안정성도 지속적으로 향상될 것이다. 이러한 환경에서 브랜딩 전문가는 멀티모달, AGI, 휴머노이드, 온디바이스 AI 등 첨단 기술의 흐름을 민감하게 읽고, 새로운 기술과 크리에이티브를 능동적으로 시도하며, 실험과 혁신을 즐기는 태도가 요구된다. AI를 단순한 도구가 아닌 협업의 파트너이자 브랜딩의 핵심 자산으로 바라보는 관점이 무엇보다 중요하다. 빅데이터 분석, AI 최적화, AI 프롬프트 엔지니어링에 익숙하며, 일상에서도 AI를 적극 활용하는 라이프스타일을 가진 전문가가 브랜딩의 미래를 선도할 가능성이 크다.

브랜드 전략가로서의 역량은 AI 시대에 필수 역량이 될 것이다. 브랜드의 미래를 예측하고 준비하는 전략적 사고와 데이터 기반의 의사결정, 중장기 전략 수립 능력이 핵심이며, 이는 데이터의 진위성, 독창성(originality),

효용성을 평가하는 날카로운 판단력이 토대가 되어야 한다. 또한, 복잡한 프로젝트를 인간과 AI에 적절히 배분하고, 최적의 AI 도구 조합을 선정하며, 전체 목표와 일정, 예산에 맞춰 프로젝트를 효과적으로 관리하는 통합 역량도 요구된다. 의사결정권자와 고객 등 주요 이해관계자를 설득하고 참여시키는 커뮤니케이션 역량은 지금도 그러하듯 여전히 브랜드 전략가의 핵심 경쟁력이 될 것이다.

창의성의 개념도 새롭게 진화한다. AI가 인간의 창의적 사고를 지원하고 더 깊이 있는 사고를 할 시간을 내어주면서, 브랜딩 담당자는 단편적인 창의성을 넘어 인류가 경험하지 못한 현재와 미래의 스토리를 상상하고 새로운 관점과 솔루션을 제시하는 창의성을 발휘하게 될 것이다. 이러한 변화 속에서도 브랜딩 제반 영역에 대한 기본기는 여전히 필수다. 지속적인 학습과 네트워킹으로 전문성을 강화해 브랜드의 본질적 가치를 높이는 안목과 실행력이 요구된다. 이러한 통합적 역량을 갖춘 브랜딩 전략가만이 AI 시대의 새로운 기회를 선점할 수 있을 것이다.

일의 혁신이 시작됐다. 딜로이트는 향후 10년간 생성형 AI가 3억 개 일자리의 지형도를 완전히 뒤바꿀 것이라 전망했다. 2024년 번역을 시작으로, 에세이 작성, 운송, 소매 분야가 차례로 자동화되고, 회계, 건설, 법률, 의료까지 AI 혁신의 물결이 거세진다는 것이다. 그러나 변화가 있는 곳엔 언제나 새로운 기회도 열린다. 미래학자 니콜라스 배드민턴(Nikolas Badminton)은 인간 중심 설계자, 로봇 심리치료사, 감성 데이터 큐레이터 같은 직업이 떠오를 것이라 예측했다. 역사학자 유발 하라리 역시 기술적 전문성보다 인간적 공감 능력이 더욱 중요해지는 시대가 올 것이라 강조하며, 의사보다는 간호사가, 기술자보다는 상담가가 더욱 필요한 시대가 될 것이라 말했다.

이 흐름 속에서 브랜딩 전문가의 역할도 다시 정의되어야 한다. 마케팅 전문가 세스 고딘은 『린치핀』(2024)에서 사람과 사람을 연결하고, 혼란 속에서 질서를 만들며, 새로운 가치를 창조하는 사람이야말로 대체 불가능한 '린치핀'이라 말했다. AI가 데이터 분석과 자동화를 담당할 수는 있지만, 고객의 마음을 읽고, 공감하며, 브랜드를 통해 새로운 가치를 창조하는 일은 사람만이 할 수 있다. 브랜딩 전문가란 AI를 전략적으로 활용하면서도, 고객과 진정한 관계를 구축하는 사람이다. 기술을 넘어선 '공감 자산(Empathy Asset)' — 바로 감성과 통찰이 브랜드를 만든다.

브랜드는 결국 사람을 향한 이야기다. 어제도, 오늘도, 그리고 AI가 지배하는 미래에도 변치 않을 진실이 있다. 그건 바로 AI 시대 위대한 브랜드도 100년 전 위대한 브랜드처럼 브랜딩에 진심인 사람이 만든다는 것이다.

참고문헌

김상균(2024). 『AI × 인간지능의 시대: AI 시대를 항해하는 사피엔스를 위한 안내서』. 베가북스.

송길영(2023). 『시대예보: 핵개인의 시대』. 교보문고.

Ad Age(2014). The end of marketing as we know it at Procter & Gamble.

Challenger, G. & Christmas(2024). HR & workplace trends, Summer 2024.

Deloitte(2024.1.11). 데이터 경쟁: 생성형AI로 글로벌 비즈니스 서비스의 경쟁 우위 확보.

Digital Defynd(2024). Predictions about data science future.

EBS(2022.2.2). AI로 대체되기 가장 쉬운 직업은?. YouTube. https://www.youtube.com/watch?v=MYygMVtxy6c

Godin, S.(2010). *Linchpin*. 윤영삼 옮김(2024). 『린치핀』. 필름.

McKendrick, J.(2024.6.23). Generative AI as a killer of creative jobs? Hold that thought. Forbes.

PwC(2024). AI jobs barometer: How will AI affect jobs, skills, wages, and productivity?
Reuters(2024.3.21). Microsoft agreed to pay Inflection $650 mln while hiring its staff.
Half, R.(2024). Data reveals which marketing and creative roles are in highest demand.
Rose, T. & Ogas, O.(2019). *Dark Horse*. 정미나 옮김(2019). 『다크호스: 성공의 표준 공식을 깨는 비범한 승자들의 원칙』. 21세기북스.
Rose, T.(2024). Todd Rose trilogy set. 정미나·노정태 옮김(2024), 『토드 로즈 3부작 세트』, 21세기북스.
The Economist(2024.6.8). The war for AI talent is heating up.
The Register(2024.7.16). UK competition officials kick off.
Upwork(2024). AI and machine learning.

10
위기 관리와 지속 가능성

위기 관리는 브랜드 자산의 보험이자 지속 가능성을 확보하는 선제적 전략이다. AI 시대에는 전통적 위험에 더해 AI 기술로 인한 새로운 위험이 등장했고, 디지털 환경은 위기의 전파 속도와 파급력을 증폭시키고 있다. 제도적 안전장치 미비와 위기의 파괴력을 고려할 때, 위기관리 시스템 구축과 지속 가능한 AI 윤리 확립이 시급하다.

종교와 AI?

브랜드와 위기 관리

브랜드의 진정한 가치는 위기 상황에서 입증된다. 평상시의 브랜드 관리와 위기 대응 역량이 손실 규모와 회복력을 결정하는 핵심 변수다. 동일한 위기 상황에서도 어떤 브랜드는 그대로 몰락하는 반면, 다른 브랜드는 이를 도약의 발판으로 삼는다. 위기 관리는 몇 마디의 사과나 비용 처리가 아니라 브랜드 자산을 보호하는 보험 장치다. AI 시대의 위기는 전례 없는 도전이 되고 있다. 제품 결함, 재무 위험, 공급망 붕괴, 물류 사고, 브랜드 커뮤니케이션 실패, ESG 이슈 등 전통적 위험에 더해 AI 기술이 초래하는 새로운 위험이 등장했다. 더욱이 디지털 환경은 위기의 전파 속도와 파급력을 기하급수적으로 증폭시키고 있다. 이러한 복합적 위기 상황에서 브랜드의 지속 가능한 성장을 위해서는 체계적인 위기 관리 시스템 구축이 필수적이다. 위기 관리는 일회성 대응이 아니라 브랜드의 지속 가능성을 담보하는 전략적 기능으로 자리 잡아야 한다.

메타의 AI 수석과학자 얀 르쿵(Yann LeCun)과 미래학자 레이 커즈와일(Ray Kurzweil)은 AI가 인류의 수명 연장, 질병 퇴치, 환경 문제 해결에 기여할 것이라는 낙관론을 제시한다. 한편 전 구글 CEO 에릭 슈미트(Eric

Schmidt)는 AI를 코로나 팬데믹과 핵전쟁에 준하는 위험으로 간주했으며, 스티븐 호킹(Stephen Hawking) 박사는 AI가 인류 멸종을 초래할 수 있다고 경고했다. 특히 주목할 점은 2024년 노벨 물리학상 수상자인 제프리 힌턴 교수마저 AI가 인간 지능을 초월할 가능성과 인류의 생존을 위협할 수 있음을 경고하고 있다는 사실이다. AI 기술이 발전할수록 브랜드 담당자들은 AI의 잠재적 위험성과 윤리적 문제에 더 많이 노출될 것이다. 따라서 이러한 위기 상황에 대한 철저한 사전 준비가 필요하다.

AI 시대의 브랜드 위기

AI 기술의 급속한 발전으로 브랜드는 규제 지연, 윤리적 딜레마, 디지털 위협의 증폭, 기술 격차 심화 등 복합적인 도전에 직면하고 있다. 현재 AI 기술 발전은 규제를 앞서가고 있다. 2023년 이스라엘-하마스 전쟁에서 AI 안면 인식 기술이 생명권과 인권을 침해한 사례는 규제의 시급성을 보여 준다. 한국의 AI 기본법, EU의 AI 법안, 미국의 AI 이니셔티브법, 중국의 AI 규제안 등이 준비되고 있으나 일부 법안 통과 및 실효성은 아직 미지수다. AI 생성물의 워터마크 식별 한계, 딥러닝 모델의 훈련 데이터 검증 불가능, AI 편향성 문제, 스텔스 AI의 등장, 저작권 분쟁의 판결 지연 등이 현행 규제의 한계를 드러내고 있다.

AI는 또한 전례 없는 윤리적 딜레마를 제기하고 있다. 자율성을 지닌 AI 로봇의 예측 불가능한 행동, 성적 객체화 논란, 도시 기능을 마비시키는 시스템 오작동 등이 대표적이다. 스캐터랩의 '이루다' 사례와 네이버 스노우의 외설 이미지 합성 논란은 AI 윤리의 실패가 즉각적인 브랜드 가치 하락으로 이어질 수 있음을 보여 준다. '데이터 레이블링(Data Labeling)' 작업 현장과 '포토메이션(Fauxtomation)'으로 인한 저임금 노동 착취 문제도 새로운 윤리적 과제로 대두되고 있다.

디지털 공간의 기존 위협도 AI 기술로 인해 더욱 증폭되고 있다. AI가 생성한 펜타곤 폭발 가짜 사진으로 인한 금융 시장 교란, 수갑을 찬 트럼프와 명품 패딩을 입은 교황의 조작 이미지 확산은 디지털 위협의 심각성을 보여 준다. '리얼리티 디펜더(Reality Defender)'나 '딥웨어 스캐너(Deepware Scanner)' 같은 대응 도구가 개발되고 있지만, 이를 우회하는 기술 역시 함께 진화하고 있다. 글로벌 컨설팅사 액센츄어의 조사에 따르면 절반 이상의 소비자가 개인정보 유출이나 금전 사기를 경험했고, 39%는 허위 상품 리뷰를 접했다. 이러한 현실을 감안하여 AI 기술로 시장을 선점하고 브랜드 우위를 확보하려는 노력뿐 아니라, AI가 초래할 수 있는 문제들에 대한 심도 있는 논의가 동시에 이루어져야 한다.

기술 격차로 인한 불평등 심화는 또 하나의 중대한 도전이다. AI 기술의 고비용 구조가 빅테크 기업의 권력 집중을 심화시키는 가운데, 일부 국가와 기업의 기술과 데이터 독점, 그리고 이로 인한 기술 격차 확대는 사회 양극화를 심화시킬 수 있다. 2024년 미국의 대중국 반도체 수출 제재처럼 강대국의 AI 정책이 글로벌 비즈니스 환경과 개별 기업의 브랜드 자산가치를 좌우할 수 있다. 이러한 복합적 도전에 대응하기 위해서는 실시간 위기 감지 시스템 구축이 필수적이다. 브랜드는 글로벌 규제 모니터링, 소셜미디어 분석을 통한 조기 경보 체계 구축, 윤리적 가이드라인 수립, 이해관계자와의 신뢰 확보와 투명한 소통을 통해 디지털 위협에 대한 대응력을 키우는 동시에 기술 격차 해소를 위한 사회적 책임도 성실히 수행해야 한다.

소비자의 AI 인식은 브랜드가 주목해야 할 또 하나의 잠재적 리스크다. 2024년 에델만 신뢰도 조사는 AI로 인한 프라이버시 침해, 인간 존엄성 훼손 등에 대한 소비자의 우려를 보여 준다. 워싱턴 주립대학 메수트 시첵

(Mesut Cicek) 교수의 연구는 특히 고가 전자제품, 의료기기 등 고위험 영역에서 AI 활용 제품에 대한 신뢰도 하락을 실증적으로 입증했다. 이는 브랜드의 AI 도입에 신중한 접근이 필요함을 시사한다. AI 챗봇 등 고객과의 직접 소통 채널은 엄격한 품질 관리가 요구되며, AI 과시적 브랜딩은 AI 워싱이라는 평판 리스크로 이어질 수 있다. 데이터센터의 전력 소비와 희귀 금속 활용은 MZ세대의 환경 가치관과 상충하는 잠재적 리스크 요인이 될 수 있다.

AI 시대의 윤리와 위기 관리

마이크로소프트, 구글, IBM, 오픈AI 등 글로벌 기업은 자체 AI 윤리 가이드라인을 만들고 있다. 이들은 AI 윤리의 핵심 가치로 공정성, 안전성, 프라이버시 보호, 투명성과 책임성, 그리고 인류에 대한 혜택을 공통적으로 강조하고 있다. 각 브랜드도 자체 AI 윤리 강령을 만들어야 한다. 업계의 AI 거버넌스 구축 노력에 적극 동참하고, AI 나우 연구소(AI Now Institute), 앨런 튜링 연구소(Alan Turing Institute)와 같은 싱크탱크와의 전략적 협력이나 그들의 연구 성과를 참고할 수 있다. 미국 국립표준기술연구소(NIST), OECD, 전기전자기술협회(IEEE)

에서 발표한 글로벌 스탠더드 자료들도 자사의 AI 대응 매뉴얼을 작성할 때 참고할 수 있는 자료다. AI 관련 이슈들도 체계적으로 파악해 이슈별 대응안을 준비해야 한다. 이 과정에서는 이해관계자들의 참여형 의사 결정이 요구된다. AI 윤리는 규제를 넘어서 기술과 사회 모두의 지속 가능한 발전을 위한 조율의 과정으로 자리 잡아야 한다.

기업의 상시 위기 대응부터 대형 이벤트, 신규 비즈니스 리스크까지 실무적으로 위기 관리 매뉴얼을 수립해 온 경험에 따르면, 성공적인 위기 관리는 다음 세 가지 요소가 충족될 때 가능하다. 첫째, 잠재적 위기의 영향도를 평가하고 단계별 대응 방안을 수립하는 것이다. 위기 감지 체계와 대응 조직을 사전에 구축하고, 위기 관리 매뉴얼과 커뮤니케이션 프로토콜을 준비해야 한다. 또한 조직원을 대상으로 한 지속적인 교육과 실전 훈련을 통해 이를 조직 문화로 정착시켜야 한다. 둘째, 위기 극복 이후에는 재발 방지책 강구와 조직 혁신이 뒤따라야 한다. 1982년 존슨앤드존슨의 타이레놀 독극물 사건은 즉각적 전량 리콜, 투명한 정보 공개, 삼중 안전 포장 도입 등의 조치를 통해 브랜드 신뢰를 회복하며 위기 관리의 표본이 되었다. 셋째, 커뮤니케이션 역량과 리더십이 위기 관리의 성패를 가르는 핵심 요인이다. 2018년 KFC 영국은 치킨 공급 중단 사태에서 진정성 있는 사과와 'FCK'라는 창의적 광고로 소비자 공감을 이끌어 냈다. 반면, 도요타의 반복적인 성능 조작 사태는 윤리적 위반과 데이터 조작 등 리더십 차원의 혁신이 결여된 구조적 위기 대응 한계를 보여 준다. 위기 관리의 성공에는 최고 경영진의 철학과 결단력이 필수적이다. 명확한 책임 소재 규명, 신속한 의사 결정, 투명한 소통이 위기 극복의 토대가 된다.

AI 시대의 지속 가능한 브랜딩

AI 기술의 급속한 확산은 브랜드 생태계 내 잠재적 위기를 증가시키고 있다. 지적재산권 분쟁, 딥페이크 기술의 악의적 활용, 정보 진위성 위협, 브랜드 무단 도용, 인권 침해가 주요 리스크로 떠올랐다. 얼굴 인식 기술만 보더라도 클리어뷰 AI(Clearview AI)와 아마존 레코그니션(Amazon Rekognition) 사례처럼 프라이버시 침해, 생체 정보 유출, 알고리즘 편향, 디지털 감시 등 복합적 문제를 유발한다.

브랜드의 지속 가능성 확보를 위해서는 AI 리스크의 유발자와 피해자 양측 모두를 고려한 통합적 접근이 필수적이다. 2024년 뉴욕타임스의 AI 검색 엔진 스타트업 퍼플렉시티 제재 사례, 코미디언이자 작가인 세라 실버먼(Sarah Silverman)의 오픈AI와 메타 상대 저작권 침해 소송, 게티 이미지의 스태빌리티AI 상대 저작권 침해 소송 등은 AI 학습 데이터 수집의 법적 기준 확립이 당면 과제임을 시사한다. 한편 AI 개발자나 크리에이터들이 주장하는 자신들의 생성물에 대한 권리 범위에 대해서도 고민을 시작할 시점이다.

AI 시대의 브랜드 위기는 기술적 차원을 넘어 윤리적, 사회적 영향을 포괄한다. 할리우드 작가들의 파업과 CG 제작자들의 위기 의식은 19세기 말 산업혁명기, 자동차의 등장으로 마부들이 겪게 된 직업 전환의 도전을 상기시키며, 기술 변화 시대의 직업 재정의와 적응에 대한 근본적 질문을 제기하고 있다. 2021년 네덜란드 정부의 AI 시스템이 초래한 이민자와 저소득층 대상 사회적 차별 사태는 AI 편향성의 위험을, CEO를 겨냥한 딥페이크의 급증은 브랜드 평판의 취약성을 보여 준다. 이러한 다차원적 위기에 대응하기 위해서는 법적 보호 체계 구축, 윤리 프레임워크 수립, 인권 영향 평가 도입, 실시간 모니터링 시스템 구축 등 다층적 안전 장치가 필요하다. AI 기술의 책임 있는 활용과 이해관계자와의 투명한 소통,

관련 업계와의 네트워킹도 중요하다.

우리는 과거에 한 번도 가보지 않은 길을 지금 걸어가고 있기에 불안과 두려움은 필연적이다. 전 세계인의 약 66%가 향후 3~5년 내 AI가 자신의 삶에 큰 영향을 미칠 것으로 믿고 있으며, 한국의 경우 82%로 최고를 기록했다(Ipsos, 2023). 예측하지 못한 문제들이 지속적으로 발생할 것이며, 새로운 윤리적 질문도 끊임없이 제기될 것이다. 자율주행차가 트롤리 딜레마와 같은 상황에 직면할 때의 윤리적 의사 결정 기준, 사고 발생 시 인간과 AI 간 책임 소재, 알고리즘 편향성의 허용 범위, 휴머노이드 로봇이나 자율주행차 보유 여부에 따른 사회적 차별 등 복잡하고 근본적인 윤리적 과제들이 계속 등장할 것이다.

지금까지 과연 AI 기술을 어떻게 활용할 수 있을까 고민하고 실험하는 시기였다면, 이제는 AI와 공존하는 인간의 삶, AI가 인간에게 기여해야 할 방향, AI가 브랜드 자산에 미칠 영향, 그리고 더 나은 미래를 위해 AI와 관련하여 해결해야 할 과제들을 진지하게 고민하고 준비해야 할 때다. 이러한 고민과 노력을 브랜딩에 녹여 내는 브랜드만이 고객에게 지속적으로 사랑받을 것이다.

참고문헌

국민권익위원회(2023). AI와 청렴윤리경영. 『청렴윤리경영 브리프스』, 2023년 10월호(통권 130호), 국민권익위원회.

김태형(2024). AI워싱: 소비자를 기만하는 허위 인공지능 마케팅. ≪소비자정책동향≫, 제140호, 1-25.

변성현(2023). 초거대 생성형 인공지능의 윤리적 문제. ≪인공지능 인문학 저널≫, 14, 64-68.

조희경(2023). 코미디언이자 작가 사라 실버만(Sarah Silverman), OpenAI 및 Meta를 저작권 침해로 고소. 저작권 동향 보고서.

한국저작권위원회 · 문화체육관광부(2023). 생성형 AI 저작권 가이드.

한국지능정보사회진흥원(2024). 해외 주요국의 AI 규제 거버넌스 현황 및 시사점. ≪지능정보사회 법제도 이슈리포트≫, 2024(1).

한경 글로벌마켓(2024.10.6). AGI 공포가 지나친 이유...대규모 언어모델 이후의 AI | 직격 인터뷰: 얀 르쿤 메타 수석 과학자 겸 뉴욕대 교수. YouTube. https://www.youtube.com/watch?v=kASqA5LJ93w

홍성원(2025.1.20). 소셜미디어서 챗봇 컴패니언·AI 프로필 몰아내야 [프랭크 파스퀘일]. ≪헤럴드경제≫.

Accenture(2024). Reinvention in the age of generative AI: Executive summary.

Azagury, J., et al.(2024). Reinvention in the age of generative AI. Accenture Research.

Crawford, K.(2022). *Atlas of AI: Power, politics, and the planetary costs of artificial intelligence*. 노승영 옮김(2022). 『AI 지도책: 세계의 부와 권력을 재편하는 인공지능의 실체』. 소소의책.

Edelman Trust Institute(2024). 2024 Edelman Trust Barometer: Supplemental Report.

European Commission(2020). Assessment list for trustworthy artificial intelligence (ALTAI) for self-assessment. High-Level Expert Group on AI.

Hollenbeck, E.(2024.7.30). Using the term 'artificial intelligence' in product descriptions reduces purchase intentions. Washington State University.

Independent High-Level Expert Group on Artificial Intelligence(2020). The assessment list for trustworthy artificial intelligence (ALTAI) for self-assessment. European Commission.

Ipsos(2023.7). Global Views on A.I. 2023: A 31-country Global Advisor survey.

Kelly, K.(2022). *The inevitable: Understanding the 12 technological forces that will shape our future.* 김윤경 옮김(2022). 『5000일 후의 세계: 모든 것이 AI와 접속된 '미러월드'의 시대가 온다』. 한국경제신문.

National Institute of Standards and Technology(2024). Artificial intelligence risk management framework: Generative artificial intelligence profile (NIST AI 600-1). U.S. Department of Commerce.

Next Big Idea Club(2024.9.19). Yuval Noah Harari on the power of truth in the age of AI. YouTube. https://www.youtube.com/watch?v=9IHplMvBLys

Siegel, E.(2024). AI 규제 노력 속 개념 정의도 못 해. ≪포브스코리아≫, 2024년 10월호, 82-83.

Stanford AI Index Steering Committee(2024). Artificial Intelligence Index Report 2024. https://aiindex.stanford.edu/report/

정나영

브랜드 컨설팅사 앤와이컨설팅 대표, 환경부 전략홍보 자문위원이다. 중앙대학교 영어영문학과를 졸업하고 영국 크랜필드 경영대학원(Cranfield School of Management)에서 MBA를, 서강대학교에서 광고홍보학 석사 학위를 받았다. 제일기획 브랜드 익스피리언스 본부 디렉터로 삼성그룹, 삼성전자 무선·가전·반도체 사업부와 한국총괄, 동서식품, 동아제약, GM, CJ 등 국내외 브랜드 프로젝트를 10년간 진행했으며, 제일기획 BE 성장전략 TF와 삼성 올림픽 마케팅 캠페인에도 참여했다. 독일 브랜드 휘슬러의 마케팅 실장으로 한국 시장을 담당했으며, AI 기반 대학 태재대학교의 대외협력센터장으로 대학 브랜드 론칭에 참여했다. 청주대학교 광고홍보학과 겸임교수로 재직했으며, 산업통상자원부, 과학기술정보통신부, 환경부 산하기관들의 자문과 연구, 심사 프로젝트를 수행했다. 저서로는 『PR 직업』(공저), 역서로는 『퍼블릭어페어즈 핸드북』이 있으며, 논문으로는 "AI 관련 쟁점들과 쟁점들의 생성 및 발전에 관한 분석 연구"(2007)가 있다. MBA 과정 중 참여한 〈The Boeing 787〉 프로젝트는 유럽비즈니스모델연구회(ECCH)에 등재되었고, 한국언론학회 희관언론상을 수상했다. 셀라(Selah)란 작가명으로 디지털 아트 분야에서도 활동 중이다.

www.jeongnayoung.com